A GESTÃO ESCOLAR DEMOCRÁTICA E A CONSTITUIÇÃO DO CONSENSO DA CENTRALIDADE DA EDUCAÇÃO BÁSICA NO BRASIL

Editora Appris Ltda.
1.ª Edição - Copyright© 2024 do autor
Direitos de Edição Reservados à Editora Appris Ltda.

Nenhuma parte desta obra poderá ser utilizada indevidamente, sem estar de acordo com a Lei nº 9.610/98. Se incorreções forem encontradas, serão de exclusiva responsabilidade de seus organizadores. Foi realizado o Depósito Legal na Fundação Biblioteca Nacional, de acordo com as Leis nos 10.994, de 14/12/2004, e 12.192, de 14/01/2010.

Catalogação na Fonte
Elaborado por: Dayanne Leal Souza
Bibliotecária CRB 9/2162

L563g 2024	Lenardão, Edmilson A gestão escolar democrática e a constituição do consenso da centralidade da educação básica no Brasil / Edmilson Lenardão. – 1. ed. – Curitiba: Appris, 2024. 120 p. ; 23 cm. – (Coleção Educação, Tecnologias e Transdisciplinaridades). Inclui referências. ISBN 978-65-250-6505-2 1. Escolas democráticas. 2. Política educacional. 3. Educação básica. 4. Brasil – Educação e Estado. I. Lenardão, Edmilson. II. Título. III. Série. CDD – 374.012

Livro de acordo com a normalização técnica da ABNT

Appris editora

Editora e Livraria Appris Ltda.
Av. Manoel Ribas, 2265 – Mercês
Curitiba/PR - CEP: 80810-002
Tel. (41) 3156 - 4731
www.editoraappris.com.br

Printed in Brazil
Impresso no Brasil

Edmilson Lenardão

A GESTÃO ESCOLAR DEMOCRÁTICA E A CONSTITUIÇÃO DO CONSENSO DA CENTRALIDADE DA EDUCAÇÃO BÁSICA NO BRASIL

Appris *editora*

Curitiba, PR

2024

FICHA TÉCNICA

EDITORIAL	Augusto Coelho
	Sara C. de Andrade Coelho

COMITÊ EDITORIAL

Ana El Achkar (Universo/RJ)
Andréa Barbosa Gouveia (UFPR)
Antonio Evangelista de Souza Netto (PUC-SP)
Belinda Cunha (UFPB)
Délton Winter de Carvalho (FMP)
Edson da Silva (UFVJM)
Eliete Correia dos Santos (UEPB)
Erineu Foerste (Ufes)
Fabiano Santos (UERJ-IESP)
Francinete Fernandes de Sousa (UEPB)
Francisco Carlos Duarte (PUCPR)
Francisco de Assis (Fiam-Faam-SP-Brasil)
Gláucia Figueiredo (UNIPAMPA/ UDELAR)
Jacques de Lima Ferreira (UNOESC)
Jean Carlos Gonçalves (UFPR)
José Wálter Nunes (UnB)
Junia de Vilhena (PUC-RIO)

Lucas Mesquita (UNILA)
Márcia Gonçalves (Unitau)
Maria Aparecida Barbosa (USP)
Maria Margarida de Andrade (Umack)
Marilda A. Behrens (PUCPR)
Marília Andrade Torales Campos (UFPR)
Marli Caetano
Patrícia L. Torres (PUCPR)
Paula Costa Mosca Macedo (UNIFESP)
Ramon Blanco (UNILA)
Roberta Ecleide Kelly (NEPE)
Roque Ismael da Costa Güllich (UFFS)
Sergio Gomes (UFRJ)
Tiago Gagliano Pinto Alberto (PUCPR)
Toni Reis (UP)
Valdomiro de Oliveira (UFPR)

SUPERVISORA EDITORIAL	Renata C. Lopes
PRODUÇÃO EDITORIAL	Sabrina Costa
REVISÃO	Isabel Tomaselli Borba
DIAGRAMAÇÃO	Amélia Lopes
CAPA	Mateus Porfírio
REVISÃO DE PROVA	Alice Ramos

COMITÊ CIENTÍFICO DA COLEÇÃO EDUCAÇÃO, TECNOLOGIAS E TRANSDISCIPLINARIDADES

DIREÇÃO CIENTÍFICA   Dr.ª Marilda A. Behrens (PUCPR)

Dr.ª Patrícia L. Torres (PUCPR)

CONSULTORES

Dr.ª Ademilde Silveira Sartori (Udesc)

Dr.ª Iara Cordeiro de Melo Franco (PUC Minas)

Dr. Ángel H. Facundo
(Univ. Externado de Colômbia)

Dr. João Augusto Mattar Neto (PUC-SP)

Dr.ª Ariana Maria de Almeida Matos Cosme
(Universidade do Porto/Portugal)

Dr. José Manuel Moran Costas
(Universidade Anhembi Morumbi)

Dr. Artieres Estevão Romeiro
(Universidade Técnica Particular de Loja-Equador)

Dr.ª Lúcia Amante (Univ. Aberta-Portugal)

Dr. Bento Duarte da Silva
(Universidade do Minho/Portugal)

Dr.ª Lucia Maria Martins Giraffa (PUCRS)

Dr. Claudio Rama (Univ. de la Empresa-Uruguai)

Dr. Marco Antonio da Silva (Uerj)

Dr.ª Cristiane de Oliveira Busato Smith
(Arizona State University /EUA)

Dr.ª Maria Altina da Silva Ramos
(Universidade do Minho-Portugal)

Dr.ª Dulce Márcia Cruz (Ufsc)

Dr.ª Maria Joana Mader Joaquim (HC-UFPR)

Dr.ª Edméa Santos (Uerj)

Dr. Reginaldo Rodrigues da Costa (PUCPR)

Dr.ª Eliane Schlemmer (Unisinos)

Dr. Ricardo Antunes de Sá (UFPR)

Dr.ª Ercilia Maria Angeli Teixeira de Paula (UEM)

Dr.ª Romilda Teodora Ens (PUCPR)

Dr.ª Evelise Maria Labatut Portilho (PUCPR)

Dr. Rui Trindade (Univ. do Porto-Portugal)

Dr.ª Evelyn de Almeida Orlando (PUCPR)

Dr.ª Sonia Ana Charchut Leszczynski (UTFPR)

Dr. Francisco Antonio Pereira Fialho (Ufsc)

Dr.ª Vani Moreira Kenski (USP)

Dr.ª Fabiane Oliveira (PUCPR)

Aos professores e às professoras das escolas públicas brasileiras que, dadas as condições históricas objetivas, se enveredam pelos caminhos da busca por uma escola de melhor qualidade para todos, encontrando cá e acolá miragens, tendo então que recomeçar a busca.

AGRADECIMENTOS

À professora Francis Mary, pela parceria incondicional orientando a pesquisa e pelo exemplo de como manter a coerência entre a produção científica e a prática político-pedagógica. Aos colegas da área de Políticas Educacionais, Estado e Sociedade (Pees) do Departamento de Educação da UEL, pela convivência produtiva e pelos bons debates. Em especial, agradeço aos meus pais, José Édio e Olga, de quem herdei princípios invioláveis e sobre os quais construo minha reflexão e prática rumo a um mundo melhor para todos; aos meus irmãos, estudiosos e solidários, especialmente ao Elsio, parceiro de leituras, correções e sugestões sempre construtivas. À minha esposa, Julie, e aos meus filhos amados: Delean, Ana Laura, Vicente, Ana Catarina e Ana Flora. Sempre há um afastamento necessário para o trabalho acadêmico. Minha família sempre esteve ao meu lado, compreendendo as circunstâncias e fortalecendo minha caminhada. À professora Juliana Cardoso dos Santos, pela revisão rigorosa e apontamentos fundamentais para a formatação final do texto. À equipe de trabalhadores(as) da Editora Appris pelo comprometimento, qualidade e paciência, sem o que não seria possível esta obra.

Caso se pense como Marxista, é preciso dizer que: os exploradores, inevitavelmente, transformam o Estado (e trata-se da democracia, ou seja, de uma das formas do Estado) em instrumento de domínio de sua classe, dos exploradores, sobre os explorados. Por isso, também o Estado democrático, enquanto houver exploradores que dominem sobre uma maioria de explorados, será inevitavelmente uma democracia para os exploradores. O Estado dos explorados deve se distinguir de modo radical desse Estado, deve ser a democracia para os explorados e a repressão dos exploradores, e a repressão de uma classe significa a desigualdade dessa classe, sua exclusão da "democracia".

(Vladímir Ilich Lênin)

APRESENTAÇÃO

A racionalidade mercadológica e o pragmatismo filosófico prevalecem na contemporaneidade. Discutir políticas sociais e educação escolar é desafiador, considerando o cenário de esvaziamento da transmissão escolar dos conhecimentos científicos, artísticos e filosóficos produzidos e sistematizados pela humanidade e a diversidade de propostas pedagógicas pós-modernas e neoliberais que avançam sobre a educação pública. Há uma pulverização da área, afetando teoria e prática escolar. A pressão social, exigindo da educação escolar a alteração dos rumos da humanidade, deixa-a vulnerável a propostas e projetos inconsistentes e/ou sem continuidade e nos faz, por meio de alguns questionamentos norteadores, refletir se essa vulnerabilidade fortalece ou enfraquece a educação escolar. Que mudanças concretas e profundas no modelo brasileiro concentrador de riquezas e, portanto, excludente puderam ser comprovadamente atribuídas à educação escolar? O que foi melhorado, do ponto de vista dos trabalhadores, na totalidade da sociedade, nos últimos anos, apesar de a universalização do ensino fundamental ter sido alcançada e de a gestão escolar democrática ter sido "legalizada"? O livro apresenta um panorama nada animador, propondo que um dos caminhos a seguir é do aprofundamento do entendimento e da crítica às categorias que, oriundas da ascensão do capitalismo e do neoliberalismo, sustentam esse modelo econômico, político e social. Essa atitude permitirá auxiliar no desmonte da ideologia da classe dominante e vislumbrar uma sociedade baseada em conceitos e práticas da classe trabalhadora. Uma visão "não adaptativa" e um olhar de mudança radical é a jornada teórica que o livro percorre. Destacando e analisando as relações existentes entre as propostas de gestão escolar democrática implementadas pela política educacional no período compreendido entre 1988 e 2002, o livro elucida as características de sua implementação no estado do Paraná, para a constituição do consenso estabelecido em torno da centralidade da educação básica no Brasil, considerando que esse consenso vem sendo gestado no país de modo mais intenso a partir do início dos anos de 1980 para a efetivação da universalização do ensino fundamental. A gestão escolar democrática se tornou um mecanismo político-pedagógico eficaz nos últimos anos e contribuiu para a consolidação do consenso da centralidade da educação básica, com o apoio de muitos professores e segmentos extraescolares, contribuindo para a universalização do ensino fundamental. O livro está dividido em três capítulos. No primeiro capítulo, duas das principais posições políticas do campo marxista, sobre a democracia, são explicitadas: a metodologia de luta pela transição da sociedade capitalista ao socialismo e o destaque será na conceptualização e papel atribuído à democracia e cidadania nessas posições distintas. No segundo capítulo, o livro expõe os argumentos favoráveis à centralidade da educação básica no Brasil, destacando a necessidade social de universalizar o ensino fundamental. Já no terceiro capítulo, analisa dados coletados em pesquisa de campo e documentos oficiais do Paraná, cujo conteúdo são orientações de gestão para as unidades escolares: professores, equipes diretivas, equipes pedagógicas, associações de pais e mestres e conselhos escolares. Dessa forma, o livro apresenta como os conteúdos e as práticas da gestão escolar democrática estão vinculados à universalização do ensino fundamental, e identifica e qualifica a correlação entre esses aspectos e a existência de escolas e de sociedades mais democráticas.

PREFÁCIO

Escrever o prefácio de uma obra é sempre um prazer e um grande desafio, especialmente quando se propõe sintetizar uma temática tão necessária como a obra intitulada *A gestão escolar democrática e a constituição do consenso da centralidade da educação básica no Brasil*, escrita pelo Prof. Dr. Edmilson Lenardão do Departamento de Educação da Universidade Estadual de Londrina (UEL).

O livro é um precioso convite à reflexão crítica sobre a Gestão Democrática da escola pública em um contexto histórico marcado por problemáticas conceituais derivadas, não sem contradições, da disputa ideológica de projetos educativos submetidos à sedutora relação com o capital desde a Reforma do Estado em 1995 e das reformas educativas que se estabeleceram desde então.

Utilizando de uma análise crítico-dialética, o autor nos convida a retomar o debate sobre a Gestão Democrática da escola pública para além da disputa fenomênica e nos leva a refletir sobre duas grandes vertentes que pairam sobre esse objeto de estudo: a perspectiva "reformista radical" e a "classista". Ele realiza essa análise com empenho teórico e assertividade, ao passo que vai possibilitando ao leitor compreender que a Gestão Democrática da escola pública vai muito além do "compartilhar" responsabilidades ao sabor das orientações políticas emanadas dos organismos internacionais que tiveram, e ainda mantêm, forte influência na elaboração e implementação das políticas educacionais no Brasil.

O autor inicia a obra a partir do debate sobre dois grandes eixos: educação escolar e democracia e, além do trato conceitual, mostra como as correlações de forças dos blocos hegemônicos na sociedade podem definir o projeto educativo das massas e, consequentemente, a formação cultural das novas gerações. Pensar a gestão da escola pública implica, antes, pensar nas inquietações em torno da função social da escola. Para tanto, o autor, de início, já demonstra seu lugar de fala e de luta na defesa inconteste da escola como espaço formador e formativo da classe trabalhadora a partir da apropriação dos conhecimentos historicamente sistematizados pela humanidade. Portanto, começar a obra mostrando a relação entre educação escolar e democracia já denota o compromisso com a construção de uma sociedade em que as riquezas materiais e não materiais, entre elas, o conhecimento científico que subsidia a formação e atuação consciente dos sujeitos na sociedade, possam estar ao alcance de todos.

O desenvolvimento da pesquisa parte da constatação de que a educação escolar e a democracia representativa podem promover consensos que contribuem para manter as coisas como estão ou para mobilizar rupturas que transcendam a realidade fenomênica. Fazer parte de um coletivo por meio das denominadas instâncias colegiadas nas escolas públicas nem sempre é sinônimo de fortalecer a gestão efetivamente participativa e atuante no sentido do enfrentamento de um sistema desigual como é o modo de produção capitalista. Nos últimos trinta anos no Brasil, a tônica das reformas educacionais tem sido a disputa de duas grandes vertentes ideológicas, a primeira que parte de uma visão reformista da educação por meio de políticas e programas educacionais de caráter paliativo, de construção "compartilhada" do fazer pedagógico e da gestão escolar que, concretamente, valoriza a descentralização do papel do Estado como garantidor de políticas públicas. A outra vertente, considerada "classista", parte da defesa do socialismo como horizonte para superação do modo de produção capitalista e de seu *modus operandi* nas escolas. Na defesa do autor, a vertente "classista", ainda que defina sua condição de classe, o lugar de onde fala e de onde resiste, não está suficientemente sedimentada para garantir a tão almejada transformação social presente nos discursos hegemônicos da educação contemporânea.

A novidade trazida pelo autor está em mostrar as contradições que emanam dos discursos e práticas que envolvem a Gestão Democrática da escola pública, mostrando os limites discursivos e das ações localizadas, que mais enaltecem a gestão gerencialista neoliberal do que ampliam as atitudes e ações concretas de ruptura com os modelos de gestão concebidos e conduzidos pelos interesses do capital.

Resta, por fim, destacar o que considero o ponto mais alto do livro: sendo a escola parte da sociedade, e esta, por sua vez, sendo determinada pela correlação de forças de blocos hegemônicos que passam pelo poder governamental, de tempos em tempos, com claros objetivos de manutenção da ordem vigente do capital, é possível a nós, professores, gestores, alunos e comunidade, construirmos uma gestão verdadeiramente democrática na escola pública? Tal questionamento nos leva à reflexão sobre a necessidade não somente de alcançarmos a consciência de classe, mas, e prioritariamente, de buscarmos os meios, os instrumentos concretos que contribuam para formar atitudes perante a vida, perante os movimentos sociais e perante os desafios que recaem sobre a escola pública e da sua gestão, de modo a compreender que a escola pública e sua gestão são campos importantes onde ocorre a disputa pela hegemonia de projetos educativos e sociais antagônicos.

Em razão, especialmente, da relevância desse debate, é que a presente obra se torna leitura fundamental a todos/as que, por alguma razão, estejam interessados/as na construção de uma escola pública e de qualidade em nosso país.

Prof.ᵃ Dr.ᵃ Silvia Alves dos Santos

Departamento de Educação da Universidade Estadual de Londrina

Londrina, fevereiro de 2024

LISTA DE ABREVIATURAS E SIGLAS

ANC – Assembleia Nacional Constituinte
Anpae – Associação Nacional de Política e Administração da Educação
APM – Associação de Pais e Mestres
CBA – Ciclo Básico de Alfabetização
CE – Conselho Escolar
Cepal – Comissão Econômica para América Latina e Caribe
Consed – Conselho Nacional de Secretários de Educação
CF – Constituição Federal
DST – Doenças Sexualmente Transmissíveis
FME – Fórum Mundial de Educação
FNDEP – Fórum Nacional em Defesa da Escola Pública
IBGE – Instituto Brasileiro de Geografia e Estatística
Inep – Instituto Nacional de Estudos e Pesquisas Educacionais
LDB – Lei de Diretrizes e Bases da Educação Nacional
MEC – Ministério da Educação
N.º – número
NRE – Núcleo Regional de Educação
ONG – Organização não Governamental
ONU – Organização das Nações Unidas
PNE – Plano Nacional de Educação
PNUD – Programa das Nações Unidas para o Desenvolvimento
PQE – Projeto Qualidade do Ensino Básico do Paraná
Proem – Programa de Expansão, Melhoria e Inovação no Ensino Médio do Paraná
Renageste – Rede Nacional de Referência em Gestão Educacional
Seed – Secretaria Estadual de Educação do Paraná
TIC – Tecnologia da Informação e Comunicação
Unesco – Organização das Nações Unidas para a Educação, a Ciência e a Cultura
Unicef – Fundo das Nações Unidas para a Infância

Sumário

1
INTRODUÇÃO 21

2
A EDUCAÇÃO ESCOLAR E A DEMOCRACIA 27

3
A GESTÃO DEMOCRÁTICA E A CENTRALIDADE
DA EDUCAÇÃO BÁSICA 51

4
A UNIVERSALIZAÇÃO DO ENSINO FUNDAMENTAL
E A GESTÃO ESCOLAR DEMOCRÁTICA NO PARANÁ 87

5
CONSIDERAÇÕES FINAIS 111

REFERÊNCIAS 113

INTRODUÇÃO

Em tempos nos quais prevalece a racionalidade mercadológica e o pragmatismo filosófico, discutir políticas sociais e educação escolar é desafiador. O esvaziamento dos conhecimentos sistematizados pela humanidade contribui para essa dificuldade. A multiplicidade e a diversidade de noções e posturas, elogiadas pelos pós-modernos, ao atingirem a área educacional, contribuem para transformá-la numa área pulverizada, afetando a todo tipo de teoria/prática escolar. Isso abrange concepções transcendentes como "autoajuda" e "conhece-te a ti mesmo". Também inclui aquelas que, na perspectiva marxista, buscam socializar os conteúdos produzidos historicamente pela humanidade aos alunos. Reflete sobre as possibilidades de uma ordem econômico-política-social diferente da capitalista.

O grande valor atribuído à educação escolar nos últimos tempos, como área que pode responder por grandes alterações nos rumos da humanidade, ou na manutenção destes rumos, deixa-a vulnerável a um sem número de propostas e projetos que se colocam como mais efetivos numa ou noutra direção. A educação escolar dança, deste modo, conforme uma série de ritmos.

Pergunta-se, porém, em que medida essa vulnerabilidade lhe fortalece ou enfraquece? Que mudanças concretas e profundas no modelo brasileiro concentrador de riquezas e, portanto, excludente puderam ser comprovadamente atribuídas à educação escolar? O que foi melhorado, do ponto de vista dos trabalhadores, na totalidade da sociedade, nos últimos anos, apesar de a universalização do ensino fundamental ter sido alcançada e da Gestão Democrática ter sido "legalizada"?

As respostas a essas e tantas outras questões semelhantes, mostram um quadro nada animador. As avaliações feitas, na década de 80, à visão crítico-reprodutivista parecem-me agora infundamentadas, pois, em última análise, o que a educação formal realiza não é nada mais do que gerar e perpetuar as condições objetivas e subjetivas propícias à continuidade do capitalismo. O peso de tal afirmativa hoje causará reações contrárias tão ou mais fortes que naquele período, em razão da hegemonia consolidada das tendências educacionais alavancadas pelos arautos da "ordem e progresso" em todo o mundo, concebidas, financiadas e condicionadas pelos organismos internacionais; e em função de que muitos dos que estavam próximos daquela perspectiva agora a refutam. Do mesmo modo, no entanto, o ceticismo e o fatalismo em nada ajudam na construção de uma nova sociedade. Significariam a aceitação de que os destinos da humanidade já estão selados e que o capitalismo significaria mesmo o "fim da história".

Diante dessa posição, creio que um dos caminhos a seguir é aprofundar o entendimento e a crítica às categorias que, oriundas da ascensão do capitalismo e liberalismo, têm sustentado este modelo econômico, político e social. Essa atitude, na minha perspectiva, permitirá auxiliar a desmontar a ideologia da classe dominante e sugerir uma sociedade baseada em conceitos e práticas da classe trabalhadora. Uma visão não adaptativa, um olhar de mudança radical, essa é a jornada teórica.

Nesse sentido, o presente estudo pretende focalizar, analisar e destacar as relações existentes entre as propostas de Gestão Democrática implementadas pela política[1] educacional no período compreendido entre 1988[2] e 2002[3], destacando características de sua implementação no estado do Paraná, para a constituição do consenso estabelecido em torno da centralidade da educação básica no Brasil[4], considerando que este consenso vem sendo gestado no país de modo mais intenso a partir do início dos anos 80 para a efetivação da universalização do ensino fundamental.

A hipótese é que a Gestão Democrática se tornou um mecanismo político-pedagógico eficaz nos últimos anos. Ela contribuiu para a consolidação do consenso da centralidade da educação básica, com o apoio

---

[1] Política tem neste trabalho um sentido instrumental, que se caracteriza por estratégias e diretrizes propostas pelos governos — e obviamente organizações multilaterais que os congreguem — para dar respostas a problemas concretos da sociedade (Rizzotto, 2000; Shiroma *et al.*, 2000).

[2] Aprovação da Constituição Federal.

[3] Término do mandato presidencial de Fernando Henrique Cardoso e do governador Jaime Lerner, no Paraná.

[4] A Educação Básica neste estudo significará o ensino fundamental, conforme a LDB 9394/96, pois entendemos que a obrigatoriedade deste ensino é que lhe confere o status de básico. Nos remeteremos a ela como nível de ensino. Ademais, as necessidades básicas de aprendizagem, definidas na Conferência Mundial sobre Educação para Todos, realizada em Jomtien, na Tailândia, em 1990, estão contempladas naquela Lei: "Título III, inciso I; e Seção III – do Ensino Fundamental".

A GESTÃO ESCOLAR DEMOCRÁTICA E A CONSTITUIÇÃO DO CONSENSO DA CENTRALIDADE
DA EDUCAÇÃO BÁSICA NO BRASIL

de muitos professores e segmentos extraescolares. Isso contribuiu para a universalização do ensino fundamental.[5]

A Gestão Democrática, ao operacionalizar estruturas administrativas com a presença de representantes de diversos segmentos nas escolas e pautar as discussões e atividades conforme as determinações oriundas das instâncias governamentais, no mais das vezes, tem viabilizado o substrato no qual a participação financeira e discursiva das pessoas envolvidas com a escola se apresenta como sendo de viés democrático. A Gestão Democrática, ao receber este caráter, ajuda a sustentar a sociedade capitalista e sua ideologia. Reforça a metodologia de ação política com o viés institucional capitalista, fragmentando lutas por melhorias de vida.

Considerando que no Brasil a obrigatoriedade do governo federal se restringe à oferta do ensino fundamental, este processo de implementação da Gestão Democrática, norteado pelos governos e pelas agências multilaterais, teve no país como uma das principais metas a universalização da educação básica. Não obstante, estão mantidas as generalizações correlacionais do senso comum entre maior escolarização e melhor qualidade de vida (na sociedade atual), bem como a defesa da correlação entre educação escolar e redução da pobreza por aquelas agências e a ideologia do voluntarismo e comunitarismo, levando à corresponsabilização da população nos assuntos ligados à ampliação da escolarização. Pergunta-se, também, se houve ou não contradições neste processo. As contradições seriam superficiais, ou seja, internas à lógica oficial? Ou teriam caráter estrutural, questionando a lógica total do sistema capitalista, com nuances classistas?

No primeiro capítulo, duas principais posições políticas do campo marxista serão explicitadas. Elas se referem à metodologia de luta pela transição da sociedade capitalista ao socialismo. O destaque será na conceptualização e papel atribuído à democracia e cidadania nessas posições distintas.

O estudo, no segundo capítulo, analisará os argumentos favoráveis à centralidade da educação básica no Brasil. Esses argumentos destacam a necessidade social de universalizar o ensino fundamental. Tais pontos de vista são presentes na produção teórica dos organismos internacionais multilaterais, como o Banco Mundial, da política educacional oficial e de

---

[5] No Paraná, segundo a Secretaria Estadual de Educação, "em 1991, a taxa de atendimento escolar para a população de sete a 14 anos já alcançava a 83,5% do total [...] Em 1998, essa taxa havia subido para 97,7%" (Paraná, 2001a, p. 10).

pesquisadores. Quando aparecerem, analisar-se-ão também as conceitualizações e correlações entre a Gestão Democrática e educação básica, na perspectiva da construção do consenso anteriormente referido. Neste sentido, apresentam-se também algumas das funções sociais atribuídas à educação escolar e que, em última análise, indicam quão democrática ela deve ou pode ser.

No terceiro capítulo, serão analisados dados coletados em pesquisa de campo e documentos oficiais do Paraná. Esses documentos são direcionados para orientar unidades escolares, professores, direções, equipes pedagógicas, Associação de Pais e Mestres (APM) e Conselhos Escolares (CE). O objetivo é verificar se, e como os conteúdos e práticas da gestão escolar estão vinculados à universalização do ensino fundamental. Também busca-se identificar a relação desses aspectos com a promoção de escolas e sociedades mais democráticas. As análises e a divulgação de experiências bem-sucedidas em gestão serão focalizadas naqueles documentos, uma vez que se trata de exemplos positivos do ponto de vista do Estado, têm para esse o objetivo de servir como modelos ideais de ações, permitindo visualizar a proposta de gestão pretendida, e sua vinculação com a constituição da centralidade da educação básica e universalização do ensino fundamental. Nesse momento, como aponta Thompson (1981, p. 40-49 *apud* Noronha, 2002, p. 12), tentar-se-á tratar com o objeto do conhecimento histórico,

> [...] 'fatos' ou 'evidências', que certamente são dotados de existência real, mas que só se tornam cognoscíveis segundo maneiras que são e devem ser a preocupação dos vigilantes métodos históricos [...] O historiador terá que trabalhar arduamente para permitir que os fatos encontrem suas 'próprias vozes'. [...] Os fatos não podem 'falar' enquanto não tiverem sido interrogados.

Interrogar as práticas envolvendo a gestão escolar democrática e a centralidade da educação básica, esse é o desafio que está colocado.

1.1 ASPECTOS DO PERCURSO DA PESQUISA

Na tentativa de desenvolver o estudo fiel à concepção dialética materialista histórica (Frigotto, 1991; Noronha, 2002), buscar-se-á resgatar criticamente parte da produção teórica já produzida sobre a temática anterior, dialogando com esta produção tanto no sentido da ruptura quanto da superação (por incorporação) de concepções e categorias que se revelem insuficientes para explicar o objeto em questão. Conforme assinala Frigotto (1991, p. 79, grifo do autor), "Aqui se explicita [...] a dialética materialista, ao mesmo tempo, como uma postura, um método e investigação e uma *práxis*, um movimento de superação e de transformação".

Há, segundo o autor supracitado, um tríplice movimento: de crítica, de construção de conhecimento novo e da nova síntese no plano do conhecimento e da ação (Frigotto, 1991, p. 79).

A dialética é um atributo da realidade e não do pensamento. Frigotto (1991, p. 79), respondendo à questão "Como se faz para apreender as leis dos fenômenos na sua concretude, na sua totalidade concreta?", diz que há dois momentos: ter como ponto de partida os fatos empíricos que nos são dados pela realidade e superar as impressões primeiras, as representações fenomênicas destes fatos empíricos e ascender ao seu âmago, às suas leis fundamentais.

O ponto de chegada será o concreto pensado, não mais as representações iniciais do empírico ponto de partida. Exige-se o trabalho de "apropriação, organização e exposição dos fatos" (Frigotto, 1991, p. 80).

O conhecimento da realidade histórica é um processo de apropriação teórica — isto é, de crítica, interpretação e avaliação dos fatos — processo em que a atividade do homem, do cientista, é condição necessária ao conhecimento objetivo dos fatos (Kosik, 1976, p. 45 *apud* Frigotto, 1991, p. 80).

Frigotto (1991, p. 81) esclarece ainda que,

> [...] o conhecimento científico não busca todas as determinações, as leis que estruturam um determinado fenômeno social, senão que busca as suas determinações e leis fundamentais. A distinção entre o fundamental e o secundário, o necessário e o fortuito é princípio epistemológico sem o qual não é possível construir conhecimento científico.

Tal conceituação reforça a crença na necessidade urgente de estudos aprofundados visando o desvelamento dos fenômenos fundantes da sociedade brasileira contemporânea e do modo como tem se inserido no capitalismo internacional. Estudos desta natureza poderão ampliar o entendimento das correlações entre o processo educacional e a manutenção/ transformação desta sociedade. O presente trabalho pretende se incluir nesse rol. Para Frigotto (2002, p. 64), no atual quadro político brasileiro somos desafiados a

> [...] qualificar a crítica ao projeto societário e educacional que o governo atual [Fernando Henrique Cardoso] protagoniza como avalista e sócio subordinado da ditadura do grande capital e reiterá-la incansavelmente. Esta não é uma tarefa fácil, sobretudo se quisermos fundamentar nossa crítica e não apenas repetir jargões.

O autor supracitado, deixa claro, portanto, que não se trata de desconsiderar a realidade objetiva/subjetiva, mas privilegiar, por assim dizer, o estudo das críticas à sociedade capitalista, pautado nos fundamentos históricos, filosóficos, sociológicos e políticos, desta sociedade. Tendo em vista esses pressupostos e objetivos passa-se à exposição da pesquisa propriamente dita.

2

A EDUCAÇÃO ESCOLAR E A DEMOCRACIA

Na tentativa de definir em que medida a democracia pode servir à classe trabalhadora na sua busca por um modelo econômico, político e social, diferente e alternativo ao capitalismo e, consequentemente, compreender como esse entendimento de democracia implica na educação escolar, analisarei duas perspectivas que, considero, poderão ajudar no entendimento deste que é um dos debates históricos no campo do pensamento progressista[6] e que diz respeito aos conceitos e ao lugar da democracia nas lutas sociais contemporâneas e na educação escolar em particular. Tal percurso permitirá, a meu ver, vislumbrar em que medida a gestão escolar democrática, próxima a uma ou outra destas perspectivas, possui maior ou menor condições de contribuir com a luta mais ampla da classe social explorada para a derrocada do capitalismo e a construção da sociedade socialista.

A primeira visão a ser analisada mais profundamente se baseará em Coutinho (1987, 1992, 2002). A segunda perspectiva se pautará em Dias (1991, 1998, 2002), dentre outros. Recorrendo a Gramsci, Coutinho (1992, p. 84) afirma que:

> Trata-se de orientar a luta pelo socialismo segundo uma nova estratégia, a da 'guerra de posições', fundada numa batalha permanente pela hegemonia e pelo consenso. Temos aqui um outro paradigma *marxista* de revolução: a revolução como *processo*, como sequência orgânica de rupturas parciais que ocupam toda uma época histórica. *Esta* concepção de revolução não se contrapõe à luta por reformas: ao contrário, é através de reformas – e Gramsci fala mesmo em 'reforma intelectual e moral' – que se faz agora a revolução. (Grifos do original).

O autor supracitado, citando Engels, defende a postura de que é pela "auto-organização" e na "luta institucional" — um trabalho longo e perseverante, por meio das instituições —, que se realizará a "revolução pacífica

---

[6] O termo progressista neste trabalho se refere aos segmentos opositores ao Regime Militar. Podem estar incluídos, portanto, liberais, socialistas etc.

e parlamentar" do capitalismo ao socialismo (Coutinho, 1992). Assim, do ponto de vista histórico, esta nova perspectiva vai ser reflexo do abandono por parte de Marx e Engels da ideia na qual

> [...] o Estado é identificado como 'comitê executivo das classes dominantes', que tem como único recurso de poder a coerção; a luta de classes é vista como uma 'guerra civil mais ou menos oculta'; e em consequência, a revolução é concebida como um fenômeno explosivo e violento, concentrado num curto lapso de tempo, que pressupõe uma dualidade de poderes que se resolve numa única ruptura (ou 'quebra') definitiva da velha máquina estatal (Coutinho, 1992, p. 85).

Uma vez que se acredita no caráter reformista da Gestão Democrática, como vem sendo posta em prática nas unidades escolares do Paraná, é de suma importância entendermos o debate entre Coutinho (1992) e os demais autores. Parece evidente que a Gestão Democrática, como vem sendo defendida pelos setores sociais progressistas, visa a melhoria da qualidade de vida da sociedade e a sua transformação substancial. Se fosse de outro modo, não haveria a menor lógica nas lutas pela democratização e busca da correção daquilo que se supõe antidemocrático e equivocado. De fato, acreditar na melhoria progressiva da sociedade, via ações pontuais ou presentes em certas instituições, combina com a ideia de "reformismo radical" adotada por Coutinho (1992). A passagem seguinte, em que esse autor tenta demonstrar a convergência entre a sua proposta e a possibilidade de mudanças profundas no sistema, é esclarecedora.

> [...] não se trata de abandonar o 'objetivo final' – ou, se quisermos, o projeto de uma nova sociedade – que dará a pauta para a hierarquização das reformas, para a definição dos atores (e das alianças) que podem executá-las, para a constante avaliação do seu êxito ou fracasso. Um reformismo que tem por objetivo explícito aprofundar a democracia e superar o capitalismo é um reformismo revolucionário. Nas sociedades onde o Estado se 'ampliou' [como no caso brasileiro] esse reformismo radical é o novo nome da revolução (Coutinho, 1992, p. 46).

Para o autor, portanto, "entre nós, a luta por profundas reformas de estrutura assumirá mais precocemente um caráter anticapitalista" (Coutinho, 1992, p. 46). Sabendo da incompatibilidade entre a ampliação crescente dos direitos sociais reivindicados pelo reformismo social-democrata e a lógica da acumulação capitalista, Coutinho (1992) aponta como sendo possíveis, basicamente, duas alternativas diante deste quadro. Uma, de cunho neo-liberal[7], adotada por alguns partidos social-democratas em países como o Brasil, se pautará pela renúncia do aprofundamento de reformas no quadro do capitalismo, e a outra, defendida pelo autor,

> [...] seria precisamente a radicalização da política de reforma: o objetivo deveria ser a obtenção do consenso político necessário para reformas de novo tipo, efetivamente estruturais, que tenham como objetivo construir progressivamente uma nova lógica de acumulação e de investimento, não mais centrada na busca do lucro e na satisfação do consumo puramente privado, mas no crescimento do bem-estar social e dos consumos coletivos. Isso demanda modificações no estatuto da propriedade, que levem a um efetivo controle público (não necessariamente estatal) dos setores-chave da economia; não se trata de eliminar o caráter misto da propriedade (expressão do pluralismo no mundo econômico), mas sim de fazer com que o setor público – com *controle público* – se torne o setor hegemônico (Coutinho, 1992, p. 44, grifo do autor).

As proposições de Coutinho (1992), desse modo, tentam preencher uma lacuna entre a social-democracia e respectiva política reformista e a revolução social explosiva de vertente marxista-leninista. Um dos problemas da perspectiva apontada por esse autor se refere ao quase total desprezo do caráter classista da sociedade capitalista, enquanto propõe reformas baseadas em alianças e consensos numa realidade em que as classes em disputa são antagônicas e não convergentes ou sinérgicas, para usar uma expressão em voga. Uma certa ingenuidade perpassa seus pressupostos, de modo a parecer que é possível um único movimento (das reformas parciais para a reforma revolucionária) sem que a classe social hegemônica reaja ou

---

[7] Vários textos analisam o neoliberalismo de uma perspectiva crítica. Para efeito do presente texto, utilizar-se-á a síntese apresentada por Chauí (2000, p. 28), na qual, contrapondo-se ao Estado de bem-estar social (Estado assistencialista ou Paternalista), os arautos neoliberais vão propor, com vistas à retomada do poder total pelo "deus mercado" as seguintes receitas: "1) um Estado forte para quebrar o poder dos sindicatos e movimentos operários, para controlar os dinheiros públicos e cortar drasticamente os encargos sociais e os investimentos na economia; 2) um Estado cuja meta principal deveria ser a estabilidade monetária, contendo os gastos sociais e restaurando a taxa de desemprego necessária para formar um exército industrial de reserva que quebrasse o poderio dos sindicatos; 3) um Estado que realizasse uma reforma fiscal para incentivar os investimentos privados e, portanto, que reduzisse os impostos sobre o capital e as fortunas, aumentando os impostos sobre a renda individual e, portanto, sobre o trabalho, o consumo e o comércio; 4) um Estado que se afastasse da regulação da economia, deixando que o próprio mercado, com sua racionalidade própria, operasse a desregulação; em outras palavras, abolição dos investimentos estatais na produção, abolição do controle estatal sobre o fluxo financeiro, drástica legislação antigreve e vasto programa de privatização".

tente, pelos mais variados meios — até violentos —, manter-se no poder. Como afirma Moraes (2001, p. 23, grifo nosso),

> [...] o marxismo não recusa, em princípio, a ideia da transição do capitalismo ao socialismo pela via democrática. Sempre é bom lembrar que quem recusa essa via é a burguesia, como o atestam as dezenas de golpes de Estado que derrubaram governos de esquerda, no mais das vezes com atrozes banhos de sangue. Insiste, entretanto, no condicionamento da política pela base econômica da sociedade. Portanto, *sobre a base das relações capitalistas de produção*, **a democracia será** *sempre* **a forma política da dominação de classe da burguesia.** Donde a necessidade objetiva de uma *ruptura* abrindo a via para a passagem da ordem do capital à ordem socialista.

A história da sociedade capitalista está carregada de exemplos nos quais é possível visualizar a "criatividade" adaptativa deste sistema às contraideologias e reformas dos mais variados tipos. Tanto no plano discursivo como pela apropriação indébita de categorias e bandeiras de luta dos não capitalistas, como no campo das práticas, adotando posturas pseudodemocráticas de eleição ou consulta, em instâncias de pouco ou nenhum peso nas decisões dos rumos da totalidade da sociedade (Nogueira, 2003) e ampliando ações do tipo voluntarista e/ou filantrópicas. Quanto à participação da "cidadania burguesa" na "democracia burguesa", Gramsci (1917 *apud* Dias, 1991, p. 5) nos alerta que,

> A burguesia tem uma disciplina mecânica que exclui a livre adesão dos indivíduos. Não necessita, e chega mesmo a dispensar, a participação da massa salvo nos rituais eleitorais. Rituais, visto que muitas vezes se trata de mero exercício de legitimação política. Fora disso o cidadão é alguém a quem formalmente se homenageia, mas que não se leva a sério. 'A disciplina que o Estado burguês impõe aos indivíduos faz deles súditos que têm a ilusão de influir sobre o desenrolar dos acontecimentos'. A disciplina dos trabalhadores tem que fazer do súdito um cidadão.[8]

Para Coutinho (1992, p. 59), o projeto societário a ser perseguido é a "democracia de massas", alcançada pelas reformas pontuais e profundas na sociedade capitalista. Embora, em dado momento, o autor afirme que seria mais correto chamar apenas de democracia, em oposição ao liberalismo ou neoliberalismo, para ele,

---

[8] Os trechos em destaque são de Gramsci (1917), citados pelo autor Dias (1991, p. 5).

> Trata-se de um projeto hegemônico que pressupõe a proliferação dos movimentos sociais de base, a presença de um sindicalismo combativo e politizado [...] e a mediação política de partidos programaticamente estruturados e socialmente homogêneos (o que não é sinônimo de 'ideologizados' ou **estreitamente classistas**) (Coutinho, 1992, p. 59, grifo nosso).

O fato de considerar demérito o caráter estreitamente classista do partido político nos causa estranheza, mas coaduna-se com a postura do autor[9]. A seguir, o autor explicita o pluralismo, que, segundo ele, deve nortear as ações reformistas visando à democracia. Rumo a esta democracia, é preciso combater a apatia, reforçar a participação política organizada do conjunto da cidadania (Dias, 1991, p. 59). Ora, o conjunto da cidadania, de modo organizado, pode lutar pela moratória imediata da dívida externa brasileira, como também pela redução do preço da gasolina, pelo retorno da censura oficial à imprensa, pela pena de morte para determinados crimes, pode reivindicar mais postos de saúde para seu bairro/sua cidade, a liberação do uso de certas drogas e assim por diante. Se assim for, não se pode afiançar que a cidadania organizada, precedendo às ações por parte do Estado, garantirá aproximação do projeto de sociedade socialista. Dito de maneira simples, há cidadãos com posturas políticas à direita e à esquerda.

> Esse indivíduo-cidadão é determinado estruturalmente pelo capitalismo. Se no plano da política aparece como átomo com grande margem de liberdade e de individualidade, no plano da economia, aparece como peça de engrenagem. Essa é a questão central: o ocultamento da dominação política determinando negativamente a tomada de consciência dessa dominação pelas classes subalternas. Podemos dizer que no campo de forças do Estado burguês todo o jogo se dá entre 'indivíduos', pelo menos essa é a aparência (necessária) do processo. Na política há como que um 'desnudamento' dos homens em relação às determinações estruturais; tanto o capitalista quanto os operários são reduzidos à cidadania. Desaparecem as diferenças; pode-se agora transformar indivíduos-cidadãos em vontades cívicas ou, quem sabe, em consciências cívicas. De abstração em abstração, despidos de suas determinações estruturais, transformados em unidades isoladas, esses homens são, por outro lado, 'enriquecidos'.

---

[9] Para Dias (1991, p. 101), "Quando se reduz a democracia à definição das regras do jogo, está obviamente implícita a acentuação da desigualdade atual como desigualdade natural [...] Os trabalhadores realmente querem a democracia. Mas querem criar, como os burgueses quiseram, a sua democracia"

> Se todos são iguais, é possível uma unidade fundamental: a pátria (Dias, 1991, p. 8).

O autor supracitado insiste na centralidade que assume a ideia de pátria. Segundo argumenta, essa ideia, ao delimitar um espaço político (o da nação), vai atuar como elemento unificador dos indivíduos em um espaço territorial, separando o "nacional do não nacional" e, deste modo, marcando uma separação em relação ao exterior, no interior marca uma integração: "o *apagamento* das diferenças de classe" (Dias, 1991, p. 3, grifo do autor). Esse apagamento é a questão central, segundo ele, pois o indivíduo-cidadão se identifica, de saída, com a ordem, palavra cujo poder taumatúrgico é responsável na maioria pela conservação das instituições políticas.

> A ordem burguesa, pelo efeito ideológico da ideia de *ordem*, se naturaliza, perde sua historicidade, se eterniza. Assim a questão central da ordem é evitada: seu caráter classista. Uma ordem pode ser burguesa ou proletária. O predomínio de uma dessas classes determina o **apagamento do direito da outra**.

> A ordem estabelece uma legalidade. E, se possível, uma legitimidade que é tanto mais forte quanto mais apareça como 'natural', 'eterna', como correspondendo à '[...] natureza humana'. A legitimidade é fundamental: onde 'não ocorrem os conflitos de rua, onde não se veem pisoteadas as leis fundamentais do Estado, nem se vê o arbítrio ser o dominador, a luta de classes perde a sua aspereza, o espírito revolucionário perde o impulso e cai. [...] Onde existe uma ordem é mais difícil que se decida a substituí-la por uma nova ordem' (Dias, 1991, p. 4, grifo nosso)[10].

Não entender e não levar às últimas consequências no campo teórico e prático o caráter classista do Estado e o caráter classista da cidadania e democracia tem sido fundamental na sustentação do sistema capitalista, dando-lhe ares de naturalidade e eternidade. Não foi construído no Brasil, portanto, um projeto de Estado da classe trabalhadora, e correspondente cidadania e democracia, em oposição ao projeto do capital e sua lógica. As categorias sociológicas e educacionais, cujo valor de classe alternativo não existe, tendem a reforçar e legitimar a visão de classe da burguesia. Assim, "o homem, o cidadão, nascido da indiferença, base fundamental da nação burguesa, 'não é um homem de ação, porque não deu sua adesão a nenhum programa concreto'" (Dias, 1991, p. 5).

---

[10] O trecho final da citação, entre aspas, é de Gramsci (1917, p. 5 *apud* Dias, 1991, p. 4), citado pelo autor.

A GESTÃO ESCOLAR DEMOCRÁTICA E A CONSTITUIÇÃO DO CONSENSO DA CENTRALIDADE
DA EDUCAÇÃO BÁSICA NO BRASIL

Concordando com o autor, insisto em registrar que, dadas as atuais condições objetivas e subjetivas, a participação e a organização da cidadania se reduzirão à lógica dada pelo capital. As contradições existentes, concretizadas por movimentos sociais que, de alguma maneira, poderiam questionar os fundamentos do modelo econômico vigente, serão tomadas como perigosas e os mecanismos coercitivos do Estado capitalista serão acionados para freá-las pela força ou capitulá-las por um processo de releitura e reapropriação. Para Moraes (2001, p. 20, grifos do autor),

> Contra os porta-vozes do poder do dinheiro, nunca se repetirá bastante que entre o princípio democrático da soberania popular e o princípio liberal do primado dos interesses individuais (a começar pela propriedade, valor supremo do liberalismo) sobre os interesses sociais, há uma contradição que **pode ser institucionalmente administrada** (como tem sido nas chamadas "democracias ocidentais"), **mas não pode ser suprimida em seu fundamento.** [...] O compromisso dos detentores dos privilégios econômicos com a democracia nunca ultrapassa, evidentemente, os limites da ordem burguesa. Eles nunca se inclinam diante de um governo eleito pelo sufrágio universal, mas ameaçando privilégios e interesses estabelecidos.

Coutinho (1992, p. 59-60), por sua vez, aponta que a sociedade democrática de massas, objetivo último das reformas pontuais,

> [...] certamente reconhece o pluralismo de interesses, mas busca ao mesmo tempo, construir uma vontade coletiva majoritária, capaz de articular esses múltiplos interesses por meio da gestação de um espaço público onde se combinem hegemonia e pluralismo. Com isso, torna-se possível, sem ignorar os interesses privados, fazer predominar, nas decisões políticas globais (particularmente econômicas), o efetivo interesse público. Essa democracia de massas aparece assim como o quadro institucional no qual profundas reformas de estrutura, resultado da construção de amplos consensos majoritários, podem abrir o caminho – para a progressiva construção de uma sociedade socialista em nosso país.

É difícil não perceber neste autor a inobservância da contradição fundamental existente no capitalismo, entre as classes sociais antagônicas, apontada por Dias (1991) e Moraes (2001). Mesmo que não se tomasse este dado, as contradições formais já limitam sua perspectiva. É o caso da criação de vários consensos majoritários. Ora, a dialética marxista e a categoria da totalidade dificilmente permitiriam que se vislumbrasse a parcialização de consensos. O pluralismo a que o autor tanto preza é incompatível, no limite, com a ideia de consensos gerais. Estes afinal determinariam aquele. Tratar-se-ia da pluralidade limitada aos consensos majoritários estabelecidos? Se assim for, que critérios utilizar para se chegar aos consensos? Como garantir que ideais "socialistas" orientem os consensos? Na busca de respostas a estas e outras questões semelhantes, deve-se ter em mente que,

> No capitalismo a relação de dominação baseia-se em grande medida na autoridade, não como categoria imposta, mas como elemento que erige o próprio consentimento do dominado. A submissão do indivíduo deve ser justificada. A autoridade, portanto, deve ser 'neutra', abstrata, encarnar uma entidade ideal para que possa se impor a todos, e ser instrumento de dominação. [...] foi preciso desenvolver, no âmbito da ideologia, uma teoria da liberdade para justificar a dominação pelo 'consentimento'. (...) Embora continuem existindo elementos coercivos, o 'chicote' dá lugar ao prêmio, ao salário, à persuasão (Ramos, 1978, p. 102-103).

Em relação à cidadania[11], especificamente, concordo com a posição de Dias (1991, p. 2, grifo nosso), para quem:

> A cidadania não é uma categoria fora da história. Vista da perspectiva das classes trabalhadoras, é uma forma privilegiada de sociabilidade, muito mais do que um conceito político-jurídico que expresse uma igualdade formal perante a lei. Pensá-la implica em que se viva/construa a relação entre o conjunto de uma população dada, com os sistemas de representação política, de normas jurídicas, enfim com o conjunto dos processos e práticas que integram a parcialidade/totalidade da população a uma forma estatal existente, que é marcada pela articulação contraditória das classes e **pelo ocultamento de um Estado classista.** A cidadania é uma das formas do processo civilizatório vigente, do domínio específico de uma dada classe social.

A cidadania definida pelo Estado burguês é a possibilidade da mobilidade social em direção à classe burguesa, nada mais. Nas atuais condições objetivas da sociedade brasileira, a cidadania assume essa característica e não pode ser diferente. Como afirma o autor supracitado, "[O Estado burguês]

---

[11] O texto de Dias (1991), no qual vou me pautar nas próximas páginas, aborda a temática da cidadania e com menor intensidade da democracia, não obstante, concorde com os referenciais mais amplos trazidos pelo autor, que vão ajudar a entender os limites e perspectivas daquelas categorias.

não se apresentou, como os anteriores, como um Estado de classe, mas como um Estado nacional-popular", se tornando um Estado educador, enquanto dirige o movimento de absorção de toda a sociedade, "assimilando-a ao seu [da burguesia] nível cultural e econômico" (Dias, 1991, p. 3).

Coutinho (2002) não desconhece as posturas anteriores, está consciente dos dilemas explicitados e apresenta-nos um cenário e uma hipótese de como a transição do capitalismo ao socialismo poderia ser facilitada. Referindo-se à sociedade norte-americana, considera-a exemplo de como a sociedade civil luta de modo corporativo e particularista. Lá, as disputas não estão pautadas por escolha entre diferentes projetos de sociedade. E só existe "um efetivo jogo democrático" naquelas circunstâncias em que duas propostas, a da conservação da ordem (capitalista) ou de sua superação (rumo ao socialismo) estão colocadas, já que aí "[...] há opções reais, estão em questão diferentes modelos de sociedade, ocorre uma politização ideológica, com a consequente universalização das várias demandas setoriais" (Coutinho, 2002, p. 26). Para o autor, quando existem nos países as duas propostas anteriores, se torna mais fácil a "construção de um projeto contra hegemônico" (p. 26). A presença desta oposição entre projetos distintos é que "[...] possibilita um efetivo jogo democrático, já que nele há opções reais, estão em questão diferentes modelos de sociedade, ocorre uma politização ideológica, com a consequente universalização das várias demandas setoriais" (p. 27).

A passagem da sociedade capitalista à socialista, para o autor, é possível, pois "mediante uma transição que se materializa em rupturas parciais e progressivas, muitas vezes 'negociadas', e não numa ruptura única e 'explosiva'" (Coutinho, 2002, p. 27).

Bourdieu (1998), assim como Dias (1991) e Moraes (2001), não partilha do "otimismo" de Coutinho (2002). Para Bourdieu (1998, p. 53),

> [...] se considerarmos seriamente as desigualdades socialmente condicionadas diante da escola e da cultura, somos obrigados a concluir que a equidade formal, à qual obedece todo o sistema escolar, é injusta de fato, e que, em toda sociedade onde se proclamam ideais democráticos, ela protege melhor os privilégios do que a transmissão aberta dos privilégios.

Em texto mais recente, analisando questões relacionadas à educação escolar e à democracia no Brasil, Coutinho (2002, p. 24) renova suas principais premissas acerca da transição do capitalismo ao socialismo. No entanto, o autor admite que, em vez de considerar a "democracia como valor universal" prefere alterar para "democratização como valor universal",

> [...] já que o que tem valor universal não são as formas con-
> cretas que a democracia adquire em determinados contex-
> tos históricos – formas essas sempre modificáveis, sempre
> renováveis, sempre passíveis de aprofundamento –, mas o
> que tem valor universal é esse processo de democratização
> que se expressa, essencialmente, numa crescente socialização
> da participação política (Coutinho, 2002, p. 24).

Analisando o período pós-ditatorial no Brasil, Coutinho (2002) afirma que o processo de modernização realizado a cabo por este regime não esteve, de modo algum, a serviço da nação ou do povo brasileiro, mas que "certamente desenvolveu a economia brasileira, modernizou-a, elevou nosso capitalismo a um patamar superior, porém sempre a serviço exclusivo do grande capital" (Coutinho, 2002, p. 24). Com tal modernização, desenvolveu-se no país uma sociedade civil, ou mais precisamente, desenvolveram-se as bases objetivas de uma sociedade civil.

Em que pese esta consideração do autor, mantém-se neste texto a defesa do "reformismo radical". Permanecem as incongruências internas "insolúveis". Não se explicita a posição metodológica: "do todo para as partes" ou "das partes para o todo" (Coutinho, 2002). O autor chama a atenção para algumas contradições na sociedade capitalista, que nada mais são do que as contradições inerentes à própria posição defendida por ele. Conforme aponta, utilizando categorias gramscianas, no Brasil,

> [...] esse processo de crescente democratização, de sociali-
> zação da política, choca-se com a apropriação privada dos
> mecanismos de poder. Temos aqui uma contradição: o fato de
> que haja um número cada vez maior de pessoas participando
> politicamente, participando organizadamente, constituindo-
> -se como sujeitos coletivos, choca-se com a permanência de
> um Estado apropriado restritamente por um pequeno grupo
> de pessoas, por membros da classe economicamente domi-
> nante ou por uma restrita burocracia a seu serviço. Então, a
> democratização só se realiza plenamente na medida em que
> combina a socialização da participação política [ampliação
> crescente da participação popular] com a *socialização do poder,*
> o que significa que *a plena realização da democracia implica a*
> *superação da ordem social capitalista,* da apropriação privada
> não só dos meios de produção, mas também do poder de
> Estado, com a consequente construção de uma nova ordem
> social, de uma ordem social socialista. De uma ordem onde
> não haja apenas a socialização dos meios de produção, mas
> também a socialização do poder (Coutinho, 2002, p. 17,
> grifos do autor).

O autor insiste nesta linha de argumentação, enfatizando que "somos nós da esquerda, somos nós socialistas, que sabemos e dizemos que a democracia é um valor universal". Deste modo, aprende-se que *"sem democracia não há socialismo"*, e sabe-se também que *"sem socialismo, tampouco há democracia"* (Coutinho, 2002, p. 32, grifos do autor). Em suma, se nos países, entre eles o Brasil,

> [...] além do Estado, há uma sociedade civil forte, há uma rede de organizações de massa estruturadas e pluralistas [...] a estratégia do proletariado deve se basear numa 'guerra de posições', na conquista do máximo de posições no interior da sociedade civil, já que só com o *consenso* da maioria – com hegemonia – é possível empreender transformações sociais em profundidade (Coutinho, 1987, p. 107, grifos do autor).

Para Oliveira (2002), ao contrário do que afirma Coutinho (2002), no período ditatorial se construíram movimentos sociais importantes, mas, e principalmente, por conta do temor inflacionário que atingiu a população brasileira, aqueles movimentos sofrem um recuo.

> De repente, o jogo vira e aparece uma demanda salvacionista e todas as demandas salvacionistas em política são o que de mais perigoso existe apara qualquer processo civilizatório, sobretudo para um processo democrático. Tudo isso [...] forma o conjunto de forças que vão liquidar com a breve redemocratização porque, a meu modo de ver, desde o período de Collor até hoje nós vivemos um simulacro de democracia. [...] temos instituições formais, eleições livres, até alternância de poder, mas isso se parece pouco com a democracia porque, de fato, estamos sendo conduzidos, de há muito, ao reino da não alternativa. Quando não há alternativa, desapareceu qualquer rastro de democracia e isso vem sendo imposto (Oliveira, 2002, p. 48).

Esse movimento convergente só foi possível no plano interno, segundo Nogueira e Borges (2002, p. 11), porque

> Os movimentos sociais que direcionavam a luta em oposição ao Regime Militar vão entender a passagem à Nova República como uma decisiva vitória política que instaura uma nova forma de organização social – para além da nova configuração na organização do Estado. Esse entendimento de que ocorreu uma 'ruptura' permite, portanto, que o teor do embate entre Estado e sociedade não se dê mais por oposição, mas sim por colaboração entre essas instâncias.

De fato, não houve tal ruptura e sim continuidade entre o projeto do Regime Militar e o da Nova República. De acordo com Saes (2001 *apud* Nogueira; Borges, 2002), o processo político iniciado no final dos anos 1970 promove um processo de centralização/descentralização do poder central. Fica mantida a centralização no que se refere à acumulação/reprodução do capital (estatuto da propriedade, tributação, investimento, salários, direitos etc.); e se promove negociadamente a descentralização daquilo que é secundário, o espaço de reprodução da força de trabalho (as políticas sociais: saúde, educação, habitação, previdência, transporte etc.). A municipalização é uma das formas de materialização do viés descentralizador. O governo de Fernando Henrique Cardoso vai coroar este processo. Frigotto (2002, p. 55) afirma que o grupo político que assume este governo teve a competência de levar adiante o ajuste "sob a férrea doutrina dos Organismos Internacionais". Os resultados daquele governo mostram que os avanços dos movimentos sociais da década de 1980 foram "anulados em nome do ajuste da economia e da atração de capital especulativo, mediante os mecanismos da desregulamentação, descentralização, flexibilização e privatização" (Frigotto, 2002, p. 56).

O rearranjo interno no seio do bloco no poder encaminhava de um lado a centralização: "tudo aquilo se refere à reprodução do capital". E de outro, negocia a descentralização daquilo que é secundarizado, já que não põe em risco a acumulação. As políticas sociais (saúde, habitação, previdência etc.) estão neste grupo. Para Nogueira e Borges (2002, p. 12),

> [...] é nesse limite que se movem os movimentos reivindicatórios que vão de forma ampliada abdicando das discussões centrais e gerais no que se refere ao poder político e se atrelam às bandeiras pontuais, fragmentadas e descentralizadas, próprio do poder local e/ou grupos específicos [...] perdendo paulatinamente a possibilidade de se articularem na direção do entendimento da sociedade como totalidade.

Para Nogueira (2001a, p. 22), os vários consensos obtidos frequentemente de forma desarticulada na sociedade brasileira não foram construídos pelo "poder único, inexorável e determinista" do capitalismo internacional. No Brasil, existem interesses dominantes internos que partilham dos interesses externos, na materialização dos seus próprios interesses. Deste modo, no país se promovem e se realizam os interesses do capitalismo internacional.

Para além dos argumentos explicitados nos documentos dos organismos multilaterais e na legislação educacional brasileira, é necessário entender, conforme aponta Nogueira (2002, p. 1), "em que condições históricas emergem as políticas propaladas nos anos 90, particularmente a política de universalização do Ensino Fundamental, empreendida pelo MEC e SEED-PR", ou seja, se faz necessário compreender especialmente o período pós-Ditadura Militar no Brasil e seus reflexos no direcionamento das ações dos segmentos sociais e políticos envolvidos com a área educacional.

Aquele entendimento equivocado atinge grande parte dos educadores. Não houve ruptura. De fato, a continuidade do projeto societário do Regime Militar para a Nova República correspondeu, na prática social, à separação entre economia e política que "na perspectiva capitalista, tem que ser pensadas como esferas separadas (mais do que como autônomas)." (Dias, 1991, p. 8); entre Estado e sociedade e no campo cultural, significou a separação entre os conhecimentos sistematizados elaborados e a função da educação escolar (Dias, 1991, p. 12). Quanto à responsabilidade da direção dessa política, Frigotto (2002, p. 56) afirma que:

> Os protagonistas políticos deste projeto, em seu núcleo decisório especialmente no campo econômico e educacional, são altamente qualificados pelas melhores escolas americanas e esmerados no exercício de funções, por longos períodos, como funcionários dos organismos internacionais do grande capital. Trata-se de organismos tutelados pelo poder [norte] americano e que tem a função de salvaguardar, em primeiro lugar, os seus interesses.

Para Bruno (2002), os resultados das discussões dos países centrais, conhecidos como Consenso de Washington, e que pretenderam formular políticas econômicas e sociais para a inserção dos países periféricos na nova ordem mundial globalizada, com financiamento e monitoramento de agências multilaterais, pode trazer resultados negativos, uma vez que,

> O pressuposto do 'Consenso de Washington' corresponderia a uma visão simplista e universalizante do liberalismo, cuja raiz encontrar-se-ia em uma concepção de que toda a mudança social ocorreria de uma maneira típica: **os processos de liberalização econômica e democratização deveriam interagir, de modo a reforçarem-se mutuamente, porque operariam sempre de forma harmônica.** As sociedades que foram objetos de regulamentação por parte dos organismos internacionais tenderiam a um único modelo de desenvolvimento econômico e político, pautado pelo livre mercado, Estado Mínimo e pela forma clássica de governo liberal, o

Estado de direito. Tratar-se-ia de 'uma democracia concebida em termos minimalistas, a saber, governo representativo, sob o império da Lei'.

Da perspectiva daqueles organismos internacionais, portanto, uma homogeneização das reformas ocorreria. Este projeto, segundo Sola, com quem concordamos, excluiria as diferentes trajetórias históricas, sociais e estruturas políticas das diferentes sociedades às quais foram destinadas (Bruno, 2002, p. 46, grifo nosso).

Xavier (2002, p. 10), reforça a tese de Bruno (2002) exposta anteriormente e, no campo educacional, alerta-nos para a necessidade de os estudos pedagógicos, inspirados no marxismo, estarem abertos "a questões relativas ao capitalismo, tal como se manifesta nas formações sociais ditas 'periféricas', dentro do sistema capitalista mundial". Para a autora, a ausência dessa preocupação é prejudicial por não permitir que se capte "a singularidade do desenvolvimento capitalista periférico e a especificidade de suas implicações políticas e culturais" (Xavier, 2002, p. 10).

A sinergia em torno da centralidade da educação básica no Brasil, a partir do final do Regime Militar, é construída em função do empenho dos governos estaduais oposicionistas recém-eleitos, de grande parte da intelectualidade progressista e movimentos sociais que percebiam, naquelas circunstâncias de transição, a possibilidade de avançar rumo à universalização do ensino fundamental. Tal possibilidade convergia em direção às orientações e financiamentos dos organismos internacionais multilaterais — especialmente o Banco Mundial — que, desde meados da década de 70, dirigiam sua atenção para a educação básica nos países pobres (Fonseca, 1997; Nogueira, 1999; Oliveira, 2000).

Ciavatta (2002) descreve de modo conveniente o quadro da "transição para a democracia" que ocorreu na América Latina e no Brasil. Para a autora,

Observa-se que as sociedades latino-americanas, em processo de 'transição para a democracia', são sociedades parcialmente modernas, altamente dependentes e atravessadas por elementos autoritários profundamente enraizados na vida social. Estes são fenômenos que se articulam e se combinam de modo heterogêneo em cada caso. Atenta, ainda, para a importação de modelos de interpretação que homogeneízam as potencialidades de cada país, desprendendo-as de sua especificidade histórica (Ciavatta, 2002, p. 88).

Os avanços no sentido de ruptura com o capitalismo e sua lógica própria não existiram. E mesmo os movimentos sociais progressistas ou reformistas do período, propositivos e protagonistas em alguns governos locais, foram facilmente engolidos pela política neoliberal que se seguiu. Um dos exemplos desta capitulação está no fato de que as propostas daqueles movimentos foram postas no debate da atual Lei de Diretrizes e Bases (LDB) em tramitação no Congresso Nacional a partir de 1989.

> [...] o projeto [...] oriundo das organizações dos educadores, mesmo sendo coordenado e negociado por relatores do bloco de sustentação governamental, aos poucos ficou sendo desfigurado, foi rejeitado pelo governo. Todas as decisões fundamentais foram sendo tomadas em doses, nem sempre homeopáticas, pelo poder executivo mediante medidas provisórias, decretos-lei e portarias. Podemos afirmar, sem risco de grave erro que a LDB se constituiu em um *ex-post* que não poderia afrontar ou dificultar as decisões já tomadas (Ciavatta, 2002, p. 58).

Segundo Rosar (1999, p. 3), no processo de transição do Regime Militar para a Nova República, se ampliou o debate entre perspectivas conservadoras e progressistas em torno da administração educacional de tal maneira que, durante as discussões em torno da Assembleia Nacional Constituinte (ANC) de 1987 e o eixo fundamental das diversas entidades do Fórum Nacional em Defesa da Escola Pública (FNDEP) foi a "democratização da educação e sua gestão democrática" (Rosar, 1999, p. 3). A autora avalia que os ganhos na Constituição Federal (CF) de 1988 (Brasil, 1988) foram relativos e a legislação específica que dela deriva – no caso, a Lei de Diretrizes e Bases da Educação Nacional (LDB) n.º 9394/96 (Brasil, 1996) e o Plano Nacional de Educação (PNE) (Brasil, 2001) –, proposta do Ministério da Educação (MEC) (Brasil, 2000) não garantiu "materialidade aos avanços teóricos atingidos (Rosar, 1999).

Para Gentili (1995, p. 118), que analisa as especificidades dos processos de redemocratização latino-americanas, chama a atenção que,

> Embora a democracia seja sempre uma conquista, política das maiorias, as condições em que as democracias concretas tendem a se estabelecer podem refletir situações estruturais de profunda derrota social. É o caso das recentes transições vividas por boa parte das nações latino-americanas. Os governos civis pós-autoritários têm sido – quase sem exceção – a continuidade mais democrática dos regimes ditatoriais que os procederam.

De modo sucinto, pode-se afirmar que, "na América Latina, a democracia capitalista estável é construída sobre a derrota – e não sobre a vitória – das classes populares" (Anderson, 1988, p. 59-60 *apud* Gentili, 1995, p. 118). O fim das ditaduras em território latino-americano resultou numa estrutura peculiar. Conforme aponta Gentili (1995, p. 118-119),

> Criaram-se assim as condições para o retorno a uma institucionalidade democrática controlada, uma democracia 'não democrática', cuja base material se imbricava em duas das mais claras conquistas pós-ditatoriais: a traumatização subjetiva e a transformação objetiva da sociedade.

> [...] as demandas de democratização se imprimiram em um marco caracterizado pela negação mesma de um institucionalidade democrática, ou, mais corretamente, pela imposição autoritária de um novo tipo de democracia: a democracia delegativa. Que este contexto era um cenário bastante mais propício para as políticas de ajuste neoconservador que para o desenvolvimento das vocações democratizantes de caráter social-democrata é uma questão que demorou somente alguns meses para evidenciar-se.

> Começava a tornar-se cada vez mais claro que em um contexto de profunda desigualdade social, a democracia era possível somente se ela era de "novo tipo" (delegativa, controlada, tutelada etc.), elemento este último que não oferecia menos evidências ao fato de que a democracia, no contexto de um profundo e, crescente *apartheid* social, nunca tende a consolidar-se, nem suas instituições públicas a ampliar-se ou estender-se.

Uma série de mudanças ocorreu nos últimos anos de modo a implementar as reformas preconizadas pela orientação pós-ditadura do Estado brasileiro. No campo educacional, a Gestão Democrática fez parte deste leque. Quem assumiu prioritariamente o debate institucional a esse respeito foram professores, técnicos e políticos vinculados ao MEC e Secretarias de Estado da Educação. A formulação teórica e orientação prática da Gestão Democrática esteve concentrada em poder dos agentes dos Governos e/ou Organizações Não Governamentais (ONGs)[12] ligados à Educação. Reflexões acadêmicas independentes a respeito da temática estão focalizadas em poucos autores e só nos últimos anos se ampliaram.

---

[12] Neste caso se deve considerar que, no mais das vezes, as Organizações Não Governamentais se pautam por ações suplementares às políticas propostas pelo Estado, contribuindo sobremaneira para ampliação do voluntarismo e filantropia na área e consequente desresponsabilização do Estado pela ação direta.

Gentili (1995), mais uma vez, ajuda a entender as mudanças pelas quais passa a educação brasileira nesse período. O que temos, segundo o autor, é um problema decorrente da transposição de modelos empresariais ao campo educacional que decorre, por sua vez, da nova configuração do Estado brasileiro. A proposta de Qualidade Total em Educação, inspirada em modelos organizacionais de grandes empresas privadas, acha campo fértil entre amplos segmentos no Brasil, em razão de ser coerente com os novos papéis assumidos pelo Estado neoliberal, cujo carro chefe é a diminuição do cunho interventor herdado — em algumas áreas — no plano interno, do Regime Militar, e, no plano externo, das políticas de bem-estar social. Tal reforma, alavancada por Agências de Financiamento Internacional, atacou frontalmente as políticas públicas (estatais) de cunho social.

Para Saviani (1997), o afastamento do Estado de suas atribuições na área educacional vem acompanhado do elogio à educação. Assim o autor aponta que:

> [...] o Estado busca demitir-se de suas responsabilidades transferindo-as para outras instâncias. Com efeito, a orientação neoliberal adotada pelo governo Collor e agora pelo de Fernando Henrique Cardoso vem se caracterizando por políticas claudicantes: combinam um discurso que reconhece a importância da educação com a redução de investimentos na área e apelos à iniciativa privada e organizações não-governamentais, como se a responsabilidade do Estado em matéria de Educação pudesse ser transferida para uma etérea 'boa vontade pública' (Saviani, 1997, p. 230).

O substrato das reformas políticas e educacionais no país é calçado, como vimos, pela reordenação econômica e política no âmbito do Estado. Apple (1995, p. 184), referindo-se à política educacional implementada sob as concepções ligadas ao neoconservadorismo e neoliberalismo, destaca que:

> Os objetivos na educação são os mesmos que servem como guia para seus objetivos econômicos e de bem-estar-social. Esses incluíam a expansão do "mercado livre", a drástica redução da responsabilidade governamental pelas necessidades sociais, o reforço das estruturas intensamente competitivas da mobilidade, o rebaixamento das expectativas das pessoas em termos de segurança econômica e a popularização de uma clara forma de pensamento darwinista social (Apple, 1995, p. 184).

O autor afirma ainda que "a visão do neoliberalismo é a de um Estado fraco. Uma sociedade que deixa a 'mão invisível' do livre mercado guiar todos os aspectos de suas formas de interação social é vista ao mesmo tempo, como eficiente e democrática" (Apple, 1995, p. 185).

O fim do regime ditatorial e a transição para a democracia, como já apontado anteriormente, não significaram mudanças estruturais na economia e política brasileiras. Pelo contrário, como aponta Martins (2001), há vários sinalizadores de que as condições de vida e participação direta da população sofreram um revés. Na área educacional, não foi diferente. Como afirma a autora:

> [...] o eixo da descentralização como norte das políticas educacionais mais recentes vem sendo contraposto à excessiva centralização das políticas sociais implementadas anteriormente, resvalando, entretanto, na sacralizada cultura política latino-americana que não mudará seu padrão interativo apenas pela força mágica de um novo conjunto normativo-jurídico (Martins, 2001, p. 45).

> As políticas sociais ampliadas na América Latina em decorrência entre outros fatores da produção e reprodução do patamar mínimo de reprodução do capital, acabaram por resultar num acréscimo de demanda pelas mesmas (em quantidade e qualidade e ao mesmo tempo serviu para reduzir o efeito ideológico das correlações estabelecidas pelas classes dominantes (Martins, 2001, p. 39).

Vale lembrar que, embora ocorressem mudanças institucionais nos moldes progressistas, o que se assistia de fato era a um reordenamento interno dos segmentos dominantes nacionais. Saíam os militares e assumia a técnico-burocracia representante dos segmentos industriais e financeiros, sob a tutela do capitalismo internacional, notadamente o norte-americano.

As mudanças ocorridas no funcionamento do Estado contemporâneo atingem diferencialmente os países centrais e os periféricos. Nestes, o Estado foi alterado obedecendo à dinâmica histórica do processo de colonização e demandas externas (dos países centrais) e às demandas internas resultantes das dinâmicas peculiares das elites locais. Tal conformação levou à consolidação de uma cultura político-administrativa gestora das políticas públicas com interesses privatistas, quase sempre resultantes de alianças entre grandes conglomerados, política institucionalizada e grupos dominantes locais (Martins, 2001). Desse Estado, portanto, partem políticas educacionais cujas características, no que se refere à gestão escolar, por exemplo, buscarão satisfazer àquele conjunto de atores.

Para Afonso (2001), a expressão "Estado-regulador" resultante das novas características assumidas pelo Estado, sob as "orientações das agências multilaterais de financiamento, corresponde o abandono de sua função de produtor de bens e serviços e a assunção do papel de 'regulador do processo de mercado'" (Afonso, 2001, p. 25).

Esse autor cita outras designações atribuídas ao Estado contemporâneo quanto "às suas conexões com a realidade multidimensional da globalização e das instâncias de regulação supranacional" (Afonso, 2001, p. 25). Entre as denominações estão: Estado-reflexivo, Estado-ativo, Estado-supervisor, Estado-avaliador, Estado-competidor. Segundo afirma, a qualificação Estado-avaliador visa, sobretudo, "sinalizar o facto de estar em curso a transição de uma forma de regulação burocrática e fortemente centralizada para uma forma de regulação híbrida que conjuga o controlo pelo Estado com estratégias de autonomia e auto regulação das instituições educativas" (Afonso, 2001, p. 25).

Conforme Dale (1998 *apud* Afonso, 2001) a atuação do Estado-avaliador, no campo educacional nas sociedades capitalistas democráticas, pretende redefinir as prioridades em três aspectos centrais: "em primeiro lugar, o apoio ao processo de acumulação; em segundo lugar, a garantia de ordem e controlo sociais; em terceiro lugar, a legitimação do sistema". O apoio que a educação escolar pode dar ao processo de acumulação, segundo o autor, pode variar.

> [...] pode passar por uma forte intervenção do Estado na promoção de investigação e da inovação para atender às necessidades do tecido produtivo; pode passar pela adopção de lógicas e mecanismos de mercado na educação; ou pode passar ainda pela contribuição da educação para a reprodução da mão-de-obra especializada (Afonso, 2001, p. 28-29).

Pode-se dizer que o modelo estatal brasileiro corresponde às características elencadas anteriormente. Para Fiori (2001, p. 23, grifo nosso),

> [...] o Brasil chegou à segunda metade dos anos 90 sob a égide de um pensamento e uma política de corte neoliberal, cuja aposta fundamental era no acesso a mais um ciclo de inserção financeira internacional e crescimento acelerado. [...]. Generaliza-se a convicção de que o recente ciclo de integração econômico financeira das elites cosmopolitas parece ter destruído, quase integralmente, a ideia de um desenvolvimento mais autônomo ou nacional.

> A inviabilidade deste projeto de nossas elites internacionalizantes [...] coloca o Brasil frente a um impasse extremamente grave. Suas contradições e inconsistências internas **não nos dão a menor esperança** de alcançar taxas de crescimento econômico socialmente inclusivas, que poderiam devolver aos nossos governantes a capacidade de governos e, talvez, a legitimidade que perderam frente aos seus cidadãos.

Nos anos 90, assistimos o reflexo da opção econômica das elites brasileiras. O país, segundo Fiori (2001, p. 23),

> [...] acabou prisioneiro da vitória liberal-conservadora do final da década de 1970 e subscreveu a estratégia dos países centrais, que transformaram a estabilidade monetária no objetivo prioritário dos seus governos e fizeram do monetarismo e do liberalismo a religião oficial de sua política econômica.

A análise do contexto brasileiro descrito por Fiori (2001) pode ser ampliada com algumas contribuições de Lucas e Leher (2001) para o campo educacional. Estes autores, referindo-se à influência dos organismos multilaterais na construção das opções das elites brasileiras, destacam que,

> Nos anos 80, a crise da dívida externa de 1982 expôs a fragilidade do desenvolvimentismo. Sob a influência da ideologia da globalização e do pensamento neoliberal, firmou-se, entre os que falam pelo capital, o consenso da inexorabilidade das reformas. E estas ideias foram transpostas para a América Latina com o nome de Consenso de Washington, por meio de condicionalidades do FMI/Banco Mundial. É neste contexto que o Banco Mundial se afirma como Ministério Mundial da Educação dos Países Periféricos (Lucas; Leher, 2001, p. 264). [...] A nova geração de economistas que assumiu o Banco Mundial em 1980, indicados por Reagan [...] estabeleceu que, no caso dos países periféricos o ensino fundamental oferece uma taxa de retorno muito maior do que a do ensino superior e a da educação tecnológica (Lucas; Leher, 2001, p. 258).

As agências financeiras internacionais têm demonstrado interesse especial pelo setor educacional brasileiro, pelo menos desde os anos 70 (Fonseca, 1997) e possuem, segundo Coraggio (1996, p. 102), objetivos e metodologia claros.

> Para enquadrar a realidade educativa em seu modelo econômico e poder aplicar-lhe seus teoremas gerais, o Banco [Mundial] estabeleceu uma correlação (mais que uma analogia)

> entre sistema educativo e sistema de mercado, entre escola e empresa, entre pais e consumidores de serviços, entre relações pedagógicas e relações de insumo-produto, entre aprendizagem e produto, esquecendo aspectos essenciais próprios da realidade educativa [...].

O Banco Mundial, diz o autor supracitado, percebe que as especificidades sociais, políticas e econômicas dos países periféricos, tomadores de empréstimos, fazem com que estes não se ajustem mecanicamente ao modelo proposto. Estes casos são classificados pelo Banco em duas categorias: "como resistências políticas (ou culturais) a uma mudança desejável; ou como imperfeições no funcionamento do 'mercado' educativo" (Coraggio, 1996, p. 103). Para ele, o Banco se preocupa com as resistências do primeiro tipo, pois "trata-se de assunto delicado". O segundo tipo de resistência:

> [...] já é um terreno mais conhecido pelo Banco; razão pela qual, para adequar a realidade ao modelo, além da privatização e da descentralização, as políticas são orientadas conjunturalmente para reformar, a partir do Estado, o funcionamento real do sistema educativo, para institucionalizar novas pautas de comportamento de seus agentes que se aproximem das que supõe o modelo de concorrência perfeita (Coraggio, 1996, p. 104).

Do nosso ponto de vista, o autor caracteriza equivocadamente as medidas do Banco como sendo de caráter reativo. De fato, as ações citadas pelo autor fazem parte das iniciativas do Banco, na área educacional, em todas as circunstâncias nas quais participa como agente financeiro, e não apenas naquelas em que há resistência. No caso brasileiro, pôde-se acompanhar a sincronia entre as reformas na área educacional voltadas para a prevalência da lógica do mercado no ensino e seu respectivo corolário ideológico. Tendo a concordar com Fischman (1998, p. 65):

> [...] agências [internacionais], tais como o Banco Mundial e o FMI, são extremamente influentes no setor educacional, porque elas fornecem importantes recursos financeiros para que países, altamente endividados, levem a efeito reformas econômicas e sociais (que, do contrário, eles não poderiam se permitir) [...]. Em troca desse financiamento, essas instituições globais avaliam e fornecem orientações para a condução da reforma educacional ao nível nacional [...].

Assim, conforme aponta Nogueira (1999, p. 153),

> Na prática, os empréstimos concedidos para o setor educacional brasileiro, abrangendo dois projetos aprovados na

década de 80 e os seis projetos em andamento nos anos 90, enquadraram-se nas normas operacionais dos Programas setoriais do Banco. Os empréstimos de ajustes setoriais vêm articulando a assistência técnica a uma noção de desenvolvimento compreendida, atualmente, como necessária reestruturação produtiva, baseada nas desregulamentações financeiras, na liberalização comercial, nas privatizações das empresas públicas-estatais e na flexibilidade da mão-de-obra.

Fica clara a opção adotada pelo Estado brasileiro pelo viés privatista, de adesão ao ideário do capitalismo internacional guiado pelos países centrais e os organismos internacionais por eles mantidos e/ou dirigidos. Essa clareza ajuda a entender a estrutura mais ampla em que o debate público-privado é gestado, bem como suas consequências em países periféricos como o Brasil, e que certamente influenciarão nos modelos de gestão educacional, implantados e implementados no país a partir dos anos 1980. Conforme assinala Rosar (1999), enquanto segmentos progressistas elaboravam as concepções de Gestão Democrática, nos debates em torno da LDB da Educação na Câmara e no Senado Federal, o Banco Mundial formulava a política para a América Latina sob o modelo democrático atualizado na perspectiva do neoliberalismo econômico e político. As considerações da autora acerca das novas opções do Estado brasileiro vão elencar os vínculos entre essas e o modelo de gestão presente nas políticas educacionais. Consoante a autora,

> Na perspectiva de funcionamento de um Estado Mínimo, segundo a lógica neoliberal, configura-se uma escola municipalizada e 'administrada de forma democrática com a participação da comunidade', que deve ser responsável, juntamente com docentes e alunos, pela produção da qualidade total. Também sob a mesma lógica, ao processo de globalização da economia deve corresponder um processo de descentralização, portanto o ensino fundamental deve ser municipalizado e as escolas devem ser autônomas, de modo que se viabilize, ao mesmo tempo, concentrar recursos no governo central, destinando-os às operações financeiras de expansão do capitalismo financeiro, enquanto tornam-se cada vez mais restritos os investimentos nos setores dos serviços públicos, que, na realidade, vão progressivamente sendo privatizados, sob diferentes modalidades de terceirização, de convênios, de parcerias, de sistemas de cooperativas etc. (Rosar, 1999, p. 4).

Essa progressiva privatização assinalada será discutida também por autores como Dourado e Bueno (2001, p. 98). Para eles,

> A multiplicidade de dimensões que atravessa a relação público-privado na área educacional exige, cada vez mais,

estudos que a explicitem e denunciem a crescente sobre-valorização do individual e do privado, naturalizada pelo consenso ideológico subjacente à 'nova' argumentação liberal que reconfigura o Estado como guarda-chuva protetor do bem-estar do capital.

Para Dourado e Bueno (2001, p. 53), a análise das políticas desencadeadas pelo Estado brasileiro de modo geral, e em especial na educação, indica claramente o "caráter ideologicamente privatista assumido pelo Estado *stricto sensu* no Brasil". Para estes autores, o caráter privatista do Estado brasileiro resulta, dentre outros fatores, do

> [...] alargamento das funções do *ethos* privado ainda que subvencionadas pelo poder público. Tal quadro produz uma situação perversa da ação estatal na medida em que esta não estabelece as fronteiras e diferenças entre os interesses coletivos e os interesses particulares, facultando a emergência da privatização do público e, consequentemente, a interpenetração entre as esferas do público e privado (Dourado; Bueno, 2001, p. 53).

Estes autores vão explicitar que, no discurso sobre o público e o privado na educação, o conjunto de pesquisas realizadas na área de 1991 a 1997 traz uma caracterização que o insere num quadro típico. Segundo afirmam Dourado e Bueno (2001, p. 55),

> [...] a impregnação de concepções originárias das vertentes teóricas liberais nas organizações e instituições sociais contemporâneas concorre para a formação de uma área cinzenta que mescla qualidades difusas ora associadas a um, ora a outro desses conceitos. Em tal quadro, a discussão do binômio, de suas contraposições, articulações, travessias e mestiçagens, constitui temática importante num momento em que o dimensionamento como público aproxima-se e incorpora características do mercado a título de modernização e o conhecido como privado – num momento em que os bens públicos se individualizam na perspectiva da competitividade e perdem de certo modo sua feição de direito social inalienável – persegue novas identidades vestindo peles de cordeiro que lhe deem uma cara social.

As pesquisas sobre gestão apontam, segundo os autores, para a constatação de que o processo de imbricação do público e privado, na educação escolar, levado pela perspectiva economicista das políticas públicas, ganha a "feição empresarial de compra e venda de serviços" (Dourado; Bueno, 2001,

p. 55). Tal característica, de acordo com Gentili (1995, p. 96), solidifica-se com a ajuda de jargões do meio gerencial: eficiência, eficácia e qualidade total e "possibilita a emergência de modalidades de privatização do público: escolas públicas pagas, autônomas, conveniadas, prestadoras de serviço e parceiras, dentre outras".

Em que pese o antagonismo real existente entre as esferas do público e do privado, conforme esclarecem os autores citados anteriormente, tem ocorrido uma apropriação crescente de uma pela outra na área educacional. Esta aproximação emerge, dentre outros fatores, das propostas de descentralização e autonomia expressas pelas agências internacionais (como o Banco Mundial). Como aponta Gentili (1995, p. 97),

> O processo de ressignificação da descentralização do sistema escolar, defendido por esses organismos multilaterais, articula-se, via de regra, com sua progressiva privatização ou assunção de modelos e estratégias de mercado, capitaneados pela desconcentração das ações, sem que ocorra uma garantia efetiva de financiamento.

Esse processo precisa, segundo Rosar (1999), ser compreendido na essência. Afinal, as medidas anunciadas pela mídia e implementadas pelo governo federal podem limitar as possibilidades de democratização da educação básica, apesar do marketing sobre a prioridade atribuída a esta etapa da educação.

Discutiu-se até aqui três fatores interdependentes que contribuíram de modo determinante, no contexto brasileiro, para a conformação da centralidade da educação básica e da Gestão Democrática: a) a opção política dos setores progressistas, decorrente do seu entendimento de qual modo adequado para alcançar a transição do capitalismo ao socialismo; b) o equívoco na avaliação feita por setores progressistas opositores da Ditadura, do significado político da transição desta para a Nova República, que considerou esta transição como sendo de cunho estrutural e não conjuntural; c) a reforma do Estado brasileiro, adquirindo características de cunho neoliberal, implementando políticas sociais, e particularmente educacionais, consoantes as condicionalidades de agências financeiras internacionais (Banco Mundial, especialmente), de viés privatista.

Feita essa discussão inicial, há a necessidade de se descrever e analisar como a Gestão Democrática e a centralidade da educação básica vai se manifestar concretamente no país nos últimos anos.

3

A GESTÃO DEMOCRÁTICA E A CENTRALIDADE DA EDUCAÇÃO BÁSICA

Nas reflexões sobre os princípios e fins da educação escolar contemporânea, de modo especial em países periféricos como o Brasil, o tema da democracia tem estado invariavelmente presente. Ora se discutem questões intraescolares (avaliação do rendimento escolar; relações professor x aluno, diretor x funcionário), ora as extraescolares (relações alunos x família, direção x pais; participação de professores em campanhas de saúde e prevenção de Doenças Sexualmente Transmissíveis (DST); papel da escola como disseminadora de atitudes democráticas na sociedade). As discussões sobre o tema são antigas e amplas.

Interessa neste capítulo descrever e analisar como a Gestão Democrática e o consenso em torno da centralidade da educação básica vão se manifestar concretamente no Brasil. Tendo como pano de fundo as reflexões do primeiro capítulo, destacar-se-ão as diferentes posições sobre qual papel cabe à educação escolar na transição abordada, pois, dependendo da opção que se faz por uma ou outra perspectiva, alteram-se significativamente as expectativas e o sentido das práticas de gestão escolar. A filiação dos diversos autores a uma ou outra perspectiva nem sempre é clara. Ao contrário, o ecletismo presente no trato da questão demonstra pouca ou nenhuma preocupação, no mais das vezes, com a reflexão estrutural ou com o posicionamento consciente e explícito, seja por um ou outro viés.

Quanto à centralidade da educação básica, buscar-se-á demonstrar como os diversos atores vêm insistindo neste sentido: organismos multilaterais, governos, movimentos sociais e pesquisadores.

A temática da gestão escolar, seu cunho democrático ou autoritário, ocupa cada vez mais espaços entre educadores e políticos afetos às questões educacionais, fato que ocorre paralelamente às discussões em torno da necessária universalização da educação básica. Para conceituar gestão escolar, recorre-se a Casassus (2002, p. 49). Segundo este autor,

> La gestión educativa busca aplicar los principios generales de la gestión al campo específico de la educación. El objeto de la disciplina es el estudio de la organización del trabajo en el campo de la educación. Por lo tanto, está determinada por el desarrollo de las teorías generales de la gestión y los de la educación.

Para o autor supracitado, "as empresas ocupam papel central na evolução social", e sua constante reestruturação:

> [...] han hecho de la Idea de la movilización de las personas en una organización hacia ciertos objetivos determinados una de las ideas centrales que han marcado nuestro tiempo. Tanto es ello así, que el tema central de la teoría de la gestión es la comprensión e interpretación de los procesos de la acción humana en una organización (Casassus, 2002, p. 50).

Gestão, conforme nos aponta o autor, é um conceito mais amplo do que administração. Nesse caso, trata-se de implementar ações pré-determinadas e, naquele, de aliar o planejamento à execução. Afirma também que as políticas educativas dos anos 1990 estiveram marcadas desde o início pelo domínio do pensamento sobre a sua organização e gestão. Importante destacar das ideias deste autor a cisão que estabelece ao tratar da gestão no nível macro e micro. Reforça, neste aspecto, as limitações oriundas dos modelos dicotômicos de abordagem da temática.

> ¿Porque las orientaciones del nivel macro son diferentes a las del nivel micro? El ambiente en el cual opera el nivel macro es un ambiente en el cual se deben responder a demandas diversas de un cierto tipo, tales como las de la productividad (competitividad internacional) contabilidad social (evaluación) e equidad (integración social). En el nivel macro se tratan las orientaciones de política, donde operan fuerzas sociales con respuestas diferentes frente a los desafíos sociales a gran escala. Las políticas educativas contienen declaraciones que expresan específicamente que las fuerzas que los animan son las fuerzas de la globalización económica.

> El ambiente en el cual opera el nivel micro es otro. Este es el nivel de la comunidad. Sus objetivos no son la respuesta a las fuerzas de, por ejemplo, la globalización, sino que están ligadas a acciones intra y extra escuela que se hacen con fines educativos. Sus objetivos son los aprendizajes de los alumnos. El nivel macro se ocupa de la economía, el micro de la pedagogía. Por lo tanto, el primero requiere una ges-

tión administrativa vinculada a la economía y a la política, el segundo demanda una gestión vinculada a la pedagogía (Casassus, 2002, p. 65).

As análises do autor concluem que a Gestão Democrática é aquela "que se relaciona com una preocupación por los recursos humanos y su participación en la gestión. En esta perspectiva se enfatiza [...] el desarrollo de las capacidades de las personas miembros y los aspectos relativos al clima de la organización" (Casassus, 2002, p. 66).

De acordo com Vieira (1992, p. 13), ao se falar em sociedade democrática, deve-se ter em mente uma série de considerações, com as quais concordamos:

> Aqui se fala da sociedade democrática, fundamental para a estabilidade da sociedade de direito. Falar de sociedade democrática é de novo aludir a palavras de gosto diário na atualidade. De tão mencionadas, podem significar tudo ou podem significar nada, quando precisavam ter um sentido determinado. [...] nem toda sociedade é sociedade democrática. Sociedade democrática é aquela na qual ocorre real participação de todos os indivíduos nos mecanismos de controle das decisões, havendo, portanto, real participação deles nos rendimentos da produção. Participar dos rendimentos da produção envolve não só mecanismos de distribuição da renda, mas sobretudo níveis crescentes de coletivização das decisões principalmente nas diversas formas de produção. Fora disso a participação é formal, ou até mesmo passiva ou imaginária, o que é mais desastroso.

Considerando a tentativa de se construir uma sociedade que melhore a vida das pessoas, o autor diz que

> Criar uma 'sociedade do bem-estar', sem dar a todos participação efetiva no controle das decisões e também nos rendimentos da produção, consiste unicamente na adoção de homens para transformá-los em consumidores obedientes e bem-humorados: sugerem então inúmeras modalidades de pensamento irracionalista [...] No caso brasileiro, a ausência da sociedade democrática vem permitindo a substituição do Estado de Direito por qualquer inspiração momentânea da classe dirigente, através de um ímpeto antropofágico mais infeliz (Vieira, 1992, p. 14).

Postura bem parecida é apresentada por Kuenzer (1998, p. 38), para quem, "no limite, a efetiva democratização só será possível com a efetiva democratização da sociedade em outro modo de produção, onde todos os bens materiais e culturais estejam disponíveis a todos os cidadãos [...]".

A escola democrática possui duas características básicas, segundo Apple e Beane (1997): é humanista e centrada na criança, e pode expressar essas características de muitas formas. Mas sua visão, das escolas democráticas, vai além dos objetivos de como melhorar o clima da escola ou aumentar a autoestima dos alunos. Os educadores democráticos não procuram apenas amenizar a dureza das desigualdades sociais na escola, mas mudar as condições que as geram. "Por esse motivo, veiculam [as escolas democráticas] seu entendimento das práticas antidemocráticas na escola, mas mudam as condições mais abrangentes fora dela" (Apple; Beane, 1997, p. 24). Nesse sentido, afirmam que:

> [...] os professores têm o direito de participar na criação dos currículos, principalmente aqueles destinados aos jovens com os quais trabalham. Até o observador menos atento não pode deixar de notar que esse direito tem sido gravemente desrespeitado durante as últimas décadas, à medida que as decisões curriculares e até projetos específicos de currículos foram centralizados pelas Secretarias de Educação, tanto estaduais quanto municipais. A consequente 'desqualificação' dos professores, a redefinição de seu trabalho como implementadores de ideias e projetos de outros, estão entre os exemplos mais óbvios e indecorosos do quanto a democracia foi diluída em nossas escolas. Além disso, grande parte da discussão sobre 'administração local', embora pareça inverter essa centralização, na verdade equivale a pouco mais que lutas localizadas por recursos limitados e responsabilidade por decisões políticas e programáticas tomadas em 'grupos distantes' (Apple; Beane, 1997, p. 34).

Tendo em conta estas considerações, poder-se-á perceber em que medida o tratamento da Gestão Democrática se afasta delas, ignorando-as ou não, explicitando possíveis relações estruturais entre o particular (escola) e o geral (sistema econômico-político-social). As discussões contemporâneas em torno da gestão escolar democrática convergem quanto à existência de três categorias fundamentais: a descentralização, a participação e a autonomia. Quando se trata da Gestão Democrática, tais categorias vão incorporar, em maior ou menor medida, as discussões feitas no primeiro capítulo, e explicitar dilemas semelhantes.

No que diz respeito à universalização da educação básica, no Brasil, trata-se de reivindicação histórica de diversos seguimentos sociais. A necessidade de sua oferta pelo poder público está, no entanto, relacionada às condições econômico-político-sociais objetivas, e à consequente definição social da escola. No caso brasileiro, diferentemente da Europa e América do Norte, a valorização da educação escolar ocorre tardiamente. A condição de país periférico e a consequente especificidade do setor produtivo, predominantemente agrário até meados do século 20, não demandaram para a maioria da população acesso à escolarização. Neste caso estamos nos referindo à educação tida como necessária para a produção e reprodução da ordem capitalista na sociedade todo. A industrialização de bens de produção, crescente a partir dos anos 50, é que colocou decididamente a educação básica no rol das reivindicações populares no Brasil. Exigência do setor primário de economia em plena expansão naquele período, o resultado da conjuntura de pleno emprego foi o fortalecimento da crença popular na associação direta entre educação escolar e melhoria das condições de vida no interior da sociedade capitalista. Esta ideia vai ser o principal alicerce das lutas pela universalização do ensino daí em diante no Brasil. Cunha (1991) fornece informações e reflexões importantes para compreendermos como se estabeleceu aquela crença no país, bem como suas origens, notadamente norte-americanas. Três nuances se destacam, segundo o autor: "a relação entre educação e distribuição de renda, entre educação e modernização e entre educação e desenvolvimento social" (Cunha, 1991, p. 10-15).

Não nos ateremos ao detalhamento das análises deste autor, porém sua contribuição nos importa enquanto vai explicitar que, historicamente, o componente "capital humano" está presente naquelas perspectivas relacionais, por ele elencadas, tendo papel central nas teorias liberais que vinculam educação e melhoria das condições individuais e sociais. Ou seja, nas sociedades capitalistas, o viés ideológico da educação está fortemente marcado pela Teoria do Capital Humano, retomada recorrentemente com novas roupagens, mas mantendo o princípio liberal original: o trabalhador possui seu corpo, seu capital (sua propriedade) primeiro é o seu corpo, tudo o que conseguir com o esforço deste capital lhe pertence, torna-se sua propriedade privada; deste modo, investir na melhoria da capacidade produtiva deste capital humano fará com que o seu proprietário obtenha mais propriedade ou, caso seja assalariado, consiga ser mais produtivo e, portanto, ter maiores ganhos[13]. Deste modo, a fé e a busca pela educação

---

[13] Ver a este respeito Frigotto (1991). Especialmente o capítulo 1 "Educação como capital humano: uma teoria mantenedora do senso comum".

básica estão assentadas na ideologia burguesa da correlação direta entre educação e melhoria de vida e condições de trabalho na sociedade capitalista.

Vislumbrar alternativas a esta concepção ou desvendar modelos significativamente distintos não é tarefa das mais fáceis. Mesmo aquelas perspectivas vinculadas aos setores sociais progressistas ou vinculados a partidos de esquerda, no mais das vezes, buscam maior distribuição quantitativa dos bens educacionais propugnados e valorizados pela elite econômica, na esperança que esta distribuição resulte — mecanicamente — em melhoria material. Tal quadro, do ponto de vista ideológico, em pouco se alterou nos últimos anos. Esse fato nos remete à tentativa de verificar como se instituiu a universalização da educação básica no decorrer dos anos 80 e 90. Para Oliveira (2000, p. 104), "[...] tornou-se lugar-comum na última década referir-se à centralidade da Educação Básica como condição necessária para o ingresso das populações no terceiro milênio, a partir do domínio dos códigos da modernidade".

A Conferência Mundial Sobre Educação Para Todos, realizada em Jomtien, Tailândia, em 1990, chamada pela Organização das Nações Unidas para a Educação, a Ciência e a Cultura (Unesco), Fundo das Nações Unidas para Infância (Unicef), Programa das Nações Unidas para o Desenvolvimento (PNUD) e Banco Mundial, ratificou a centralidade na educação básica como prioridade mundial, indo além, elencando quais seriam as necessidades básicas de aprendizagem e quais os resultados positivos, uma vez satisfeitas estas necessidades. A seguir, citamos o Art. 1º da Declaração Mundial sobre Educação para todos (ONU, 1990, p. 5, grifo nosso):

> SATISFAZER AS NECESSIDADES BÁSICAS DE APRENDIZAGEM
>
> **1. Cada pessoa – criança, jovem ou adulto – deve estar em condições de aproveitar as oportunidades educativas voltadas para satisfazer suas necessidades básicas de aprendizagem.** Essas necessidades compreendem tanto os instrumentos essenciais para a aprendizagem (como a leitura e a escrita, a expressão oral, o cálculo, a solução de problemas) quanto os conteúdos básicos da aprendizagem (como conhecimentos, habilidades, valores e atitudes), necessários para que os seres humanos possam sobreviver, desenvolver plenamente as suas potencialidades, viver e trabalhar com dignidade, participar plenamente do desenvolvimento, melhorar a qualidade de vida, tomar decisões fundamentadas e continuar aprendendo. A amplitude das necessidades

> básicas de aprendizagem e a maneira de satisfazê-las variam segundo cada país e cada cultura, e, inevitavelmente, mudam com o decorrer do tempo.
>
> 2. A satisfação dessas necessidades confere aos membros de uma sociedade a possibilidade e, ao mesmo tempo, a responsabilidade de respeitar e desenvolver a sua herança cultural, linguística e espiritual, de promover a educação de outros, de defender a causa da justiça social, de proteger o meio ambiente e de ser tolerante com os sistemas sociais, políticos e religiosos que difiram dos seus, assegurando respeito aos valores humanistas e aos direitos humanos comumente aceitos, bem como de trabalhar pela paz e pela solidariedade internacionais em um mundo interdependente.
>
> 3. Outro objetivo, não menos fundamental, do desenvolvimento da educação, é o enriquecimento dos valores culturais e morais comuns. É nesses valores que os indivíduos e a sociedade encontram sua identidade e sua dignidade.
>
> 4. A educação básica é mais do que uma finalidade em si mesma. Ela é a base para a aprendizagem e o desenvolvimento humano permanentes, sobre a qual os países podem construir, sistematicamente, níveis e tipos mais adiantados de educação e capacitação.

O processo de implementação da Gestão Democrática nas unidades escolares vai se efetivar colado às prioridades estabelecidas em Jomtien. A educação básica seria o mínimo indispensável "à inserção dos trabalhadores no processo produtivo", no mercado de trabalho; mas também seria responsável por permitir a assimilação dos conhecimentos para permitir uma "real participação cidadã na sociedade" (ONU, 1990, s/p). Estes são os argumentos subjacentes ao discurso ideológico de sustentação da centralidade da educação básica. Esses argumentos se originam, segundo a autora, de agências internacionais, de programas governamentais, de entidades empresariais e de entidades sindicais de trabalhadores, o que lhes confere o status de consenso.

O consenso da centralidade da educação básica no Brasil não foi simplesmente transplantado pelo Banco Mundial para a sociedade brasileira. Internamente, diferentes atores sociais divergiam quanto aos pressupostos e direção política que lhe deveria ser dada (Nogueira; Borges, 2002). As divergências ocorriam sem colocar em risco a ordem capitalista, caminhando no sentido reformista defendido por Coutinho (1992, 2002), já discutido anteriormente, buscando políticas sociais mais distributivas, isto é, um capitalismo mais social, mais humano. Como afirma Moraes (2001, p. 28) sobre o teor dos debates oriundos de divergências como as aqui expostas,

> [...] a retórica humanista pode esconder as maiores indignidades. Mas, mesmo quando expressa convicções honrosas, como é o caso de Coutinho, ela ocupa o lugar da análise concreta e, em vez de marxismo, oferece um socialismo ético (mais igualdade, mais cidadania, mais 'justiça social', mais participação, menos excluídos, menos repressão policial), cuja expressão doutrinária é o 'valor universal' da democracia. Ideias muito simpáticas, mas de belas fórmulas e boas intenções o planeta está repleto. Tão repleto quanto de desempregados e de desesperados, de bombardeios e de opressão.

No discurso do capital, aponta Kuenzer (1998, p. 39), "em tese, a nova pedagogia exige ampliação e democratização da educação básica, com pelo menos onze anos de ensino, abrangendo os níveis Fundamental e Médio, como fazem os países desenvolvidos". No entanto, dadas as condições atuais do capitalismo, ou seja,

> Em consonância com a progressiva redução do emprego formal e com a crescente exclusão, o investimento em educação passa a ser definido a partir da compreensão de que o Estado só pode arcar com as despesas que resultem em retorno econômico. Desta forma o compromisso do Estado com a educação pública obrigatória e gratuita mantém-se no limite do ensino fundamental (Kuenzer, 1998, p. 54).

Os organismos multilaterais trazem, na maior parte dos seus documentos, pontos de vista sobre esta temática. O Relatório sobre o Desenvolvimento Mundial 2000-2001 (Banco Mundial, 2001), por exemplo, elenca várias metas para o início do século 21. Dentre elas, a redução da pobreza e da privação humana em várias dimensões. O segundo tópico desta meta é: assegurar educação primária universal, matriculando todas as crianças na escola primária até 2015 (Banco Mundial, 1996, p. 5-6).

Na década de 90, os documentos do Banco Mundial e demais organismos multilaterais continuam demonstrando sua opção política na direção da universalização da Educação Básica. No documento *Prioridades y estratégias para la educación – Estudio setorial Del Banco Mundial (versión preliminar)*, de maio de 1995, está presente, entre as seis reformas essenciais sugeridas para a educação, a que determina, no capítulo 7, a "Inversión pública focalizada em la educación básica", vinculando explicitamente o investimento ao retorno econômico mais adequado, proporcionado pela educação básica. Alguns trechos do documento estão a seguir:

> 7.1 [...] Si se prestara más atención a la eficiencia y la equidad al asignar las nuevas inversiones públicas en educación se avanzaría mucho, sin embargo, havia la solución de los difíciles problemas a que se enfrentan actualmente los sistemas de educación. Como resultado de esa mayor atención, las nuevas inversiones públicas se concentrarían en la educación básica en la mayoría de los países, aunque evidentemente tal enfoque sería menos aplicable en aquellos que ya han logrado un coeficiente de matrícula casi universal en la enseñanza primaria y la enseñanza secundaria de primer ciclo.

> 7.2 Para lograr eficiencia, los recursos públicos se deberían concentrar en forma eficaz en función de los costos allí donde la rentabilidad de la inversión es más alta [na Educação Básica] [...].

> 7.3 [...] (d) Enseñanza primaria de calidad para todos los niños como primera prioridad del gasto público en educación en todos los países (Banco Mundial, 1996, p. 77).

Como o Banco sabe das dificuldades da maioria dos países pobres para atingir aquela prioridade, incorpora no documento citado algumas indicações para que os países obtenham recursos complementares à consecução daquele objetivo. A Gestão Democrática será canal privilegiado para que também neste aspecto a universalização do ensino fundamental seja alcançada, pois, conforme sugere o Banco Mundial (1995, p. 78):

> 7.5 [...] Normalmente se proporciona educación básica completa en forma gratuita, ya que es esencial para ala adquisición de los conocimientos, las aptitudes y las actitudes que se necesitan en la sociedad. [...] Por cierto, no se debería prohibir a las escuelas públicas que obtuvieran recursos de las comunidades locales, en efectivo o en especie, cuando el financiamiento público es insuficiente y cuando esos recursos adicionales constituyen el único modo de lograr una educación de calidad.

A explicação do Banco Mundial (1999, p. 1) para as diferenças sociais existentes na sociedade capitalista atribui à falta de conhecimentos sua principal causa. Para esta agência financeira, "lo que distingue a los pobres

– sean personas o países – de los ricos es no solo que tienen menos capital sino también menos conocimientos". O Banco Mundial (1999) explicita as relações entre a aquisição de conhecimento e a melhoria da vida das pessoas, citando alguns exemplos, e ao final estabelece a educação básica como de suma importância para que os pobres tenham acesso ao conhecimento pragmático. Senão, vejamos,

> El conocimiento **ilumina** también todas las transacciones económicas: revela las preferencias, aclara los intercambios, orienta los mercados.

> Un mayor conocimiento sobre la nutrición puede significar mejoras para la salud, **incluso para quienes tienen poco que gastar en alimentos.**

> La adquisición de conocimientos, tanto importados del exterior como generados en el país, **supone su absorción respaldada por la educación básica universal** y el acceso a la educación permanente (Banco Mundial, 1999, p. 1-2, grifo nosso).

Por ocasião da VI Conferência Ibero-Americana de Educação, que se realizou em Santiago e Valparaíso (Chile), nos dias 10 e 11 de novembro de 1996, promovida pela Organização de Estados Ibero-Americanos para a Educação, a Ciência e a Cultura (OEI), o documento preparado como subsídio para aquela conferência e que resultou de encontros anteriores entre especialistas e vice-ministros da educação dos países da organização coloca de maneira bastante clara a relação entre a gestão escolar democrática e a consolidação de sociedades democráticas. Na verdade, estamos falando da consolidação e manutenção da educação básica, pois é ela que, obrigatoriamente, deve ser garantida e mantida por todas as nações pobres.

Quanto à relação entre educação e democracia, o documento intitulado Governabilidade Democrática e dos Sistemas Educacionais (tendo ao todo 97 tópicos) explicita a importância da educação escolar na contribuição para com a governabilidade democrática.

> 37. A governabilidade da democracia é muito mais que um problema de como controlar o excesso de demandas sociais e evitar que elas acabem por destruir a democracia. Ela exige um esforço coletivo para estabelecer novas formas de coesão e integração social, isto é, para constituir uma nova ordem que seja capaz de diminuir as desigualdades objetivas que dividem

> atualmente a sociedade ibero-americana e, ao mesmo tempo, aumentar a igualdade de oportunidades. Nesse esforço, corresponde ao Estado, reformado para adaptar-se ao novo contexto internacional e nacional, coordenar os esforços do setor público e do privado tendo em vista o interesse coletivo e os interesses particulares. Um ator institucional do qual depende em grande parte o êxito ou o fracasso desses esforços é o sistema educacional.
>
> [...] 38. A educação vem sendo chamada a contribuir de diversas maneiras para a governabilidade da democracia. Desde logo, o acesso à Educação Básica de qualidade é uma condição para a governabilidade da democracia e resolver os problemas de cobertura para esse nível educacional, e que ainda afetam muitos de nossos países, constitui a mais alta prioridade. Há também consenso de que, como formadora de recursos humanos, a educação condiciona em grande parte o êxito e o fracasso dos países em seus esforços de desenvolvimento. Em terceiro lugar, espera-se que ela represente um papel central na constituição e fortalecimento da cidadania. Por último, é capaz de influir nas probabilidades de ascensão e promoção social das famílias e dos indivíduos e afetar o grau de coesão e integração sociocultural (OEI, 1997, p. 130-131).

Deve-se destacar que no tópico 39 se retoma aquilo que, para a Comissão Econômica para América Latina e Caribe (Cepal) se mantinha como essencial na questão educacional, ou seja, a educação e o conhecimento devem ser pilares da transformação produtiva com equidade, e se propõe a cidadania e a competitividade como dois dos objetivos estratégicos.

A Unesco (2000) afirma que o crescimento dos sistemas políticos democráticos tem ocorrido paralelamente a uma espetacular expansão da economia de mercado, insinuando uma correlação positiva nesta constatação. Ao mesmo tempo, avalia as consequências negativas que a mundialização econômica tem trazido aos países desenvolvidos e em desenvolvimento, por exemplo, "el predominio del poder de las empresas respecto del poder político, el debilitamento de los Estados y las fronteras nacionales y una agravación de las disparidades entre los ricos y los pobres" (Unesco, 2000, p. 32). Frente ao paradoxo entre o avanço da democracia no mundo, e os problemas decorrentes da globalização da economia de mercado, a Unesco sai em defesa da livre iniciativa, pois considera que "[...] no se puede esperar que las economías de mercado, aun en sus formas más dinamicas, se ocupan de cuestiones de justicia social" (Unesco, 2000, p. 32).

Alguns elementos que sinalizam o formato das categorias descentralização, participação e autonomia podem ser encontrados no Foro Mundial sobre la Educación, realizado em Dakar, Senegal, de 26 a 28 de abril de 2000.

> Los oradores también observaron que la descentralización de la autoridad puede as veces encubrir el abandono por los gobiernos centrales de sus propias responsabilidades en cuanto a la financiación de la educación y otras formas de apoyo. Es imprescindible que los programas de descentralización y aumento de la autonomía de las comunidades traigan aparejada la transferencia de recursos que permitirá a las comunidades asumir responsabilidades. Los recursos generados en el plano local deberían solamente complementar, y no reemplazar, los compromisos financieros de las autoridades centrales (Unesco, 2000, p. 21).

Na discussão sobre a eficiência e eficácia dos materiais de apoio pedagógico, o Fórum optou, tendencialmente:

> [...] por estrategias 'participativas' a fin de elaborar libros escritos por la población local y sobre ella que se puedan producir a nivel local. [...] elaborar materiales en lenguas locales, [...] utilizar recursos locales para producir los materiales; [...] sistemas de microcrédito para ayudar a establecer cooperativas editoriales a nivel comunitario' (Unesco, 2000, p. 24).

O relatório do Fórum apresenta questionamentos acerca da participação da iniciativa privada no campo educacional, uma vez que aquela tem objetivos e limitações muito diferentes dos Ministérios da Educação dos países. Porém, a posição final consensual tem o seguinte conteúdo: "Por, sobre todo, hubo consenso general en que en la búsqueda de soluciones se ha de hacer hincapié en los modelos locales, los recursos locales, el abastecimiento local y la responsabilidad local" (Unesco, 2000, p. 24).

Observa-se que no Fórum manteve o direcionamento descentralizador das políticas educacionais, pautadas no poder local, citando-se muito os doadores.

> [...] el Estado tiene la importante responsabilidad de organizar la educación. Al mismo tiempo, la función de las comunidades locales es fundamental, en especial para los pobres. Por consiguiente, las relaciones de colaboración entre el Estado, las comunidades, los grupos organizados, las organizaciones no gubernamentales y los donantes pasan a ser la clave del desarrollo de la educación en regiones afectadas por la

pobreza. Esa cooperación podrá facilitarse mediante una descentralización controlada de la autoridad y esfuerzos encaminados a establecer una sinergia entre las modalidades formales, no formales e informales de educación (Unesco, 2000, p. 27).

El volumen y la gestión de los recursos destinados a la educación básica son insuficientes para lograr una educación de calidad para todos, y en los últimos años se han observado importantes cambios en las fuentes de aquellos recursos que están disponibles. La financiación externa ha disminuido, y la financiación nacional se funda cada vez más en las contribuciones de la comunidad y la familia, lo que genera disparidades regionales y sociales (Unesco, 2000, p. 26).

A Unesco (2000, p. 23), demonstrando que corrobora as ações e perspectivas apontadas por outras agências, afirma que

> [...] el Banco Mundial y el Fondo Monetario Internacional (FMI) están estableciendo nuevos marcos conceptuales para atenuar la pobreza. Dichos marcos asocian estrechamente el desarrollo de los sectores educativo y social con aspectos macroeconómicos. Debido a que la interacción entre la educación y las condiciones económicas y sociales de un país ha pasado a ser mucho más estrecha a medida que los mercados se abren y las comunicaciones mundiales se aceleran al igual que los cambios tecnológicos, el sector de la educación se encuentra forzosamente en el centro de estas nuevas iniciativas de desarrollo.

A metodologia dos organismos internacionais é vinculada ao tratamento fragmentado das questões sociais. Situações como pobreza e exclusão são tratadas como fenômenos isolados, parciais, micros, pontuais. Deste ponto de vista, para fazer com que a educação chegue aos grupos pobres e excluídos, ajudando-os a sair da marginalidade; é importante "encontrar el modo de quebrar este círculo vicioso mediante actividades específicas, apropiadas e innovadoras" (Unesco, 2000, p. 27).

Reforçando o princípio de que a educação é um caminho importante para combater a pobreza e a exclusão social, o Fórum Mundial sobre a Educação (FME) e a Unesco impõem três condições para que a educação seja mais eficaz: redução da dívida (externa) para inversão na educação dos pobres, mantendo-se outras formas de assistência aos países pobres; redefinição dos papéis desempenhados pelas diversas partes no processo educativo; e reconsideração fundamental dos conceitos atuais da educação. Ao detalhar esta terceira condição, o documento ressalta que:

> Los grupos de población más pobres, que no se relacionan fácilmente com las estructuras educativas tradicionales, necesitan sin embargo educación para comprender mejor la sociedad moderna, ser capaces de adoptar decisiones fundamentadas, em síntesis, ser más emancipados y forjar sus propios destinos (Unesco, 2000, p. 28).

Sugere-se, então, valorizar as escolas alternativas, de iniciativa das comunidades, conceber a educação em contextos específicos e, em razão disso, alterar a função docente. O professor passaria a ser "um facilitador del aprendizaje, que escucha, comparte e inventa formas de educación em beneficio de los grupos de población que la sociedad há excluído". Além destas mudanças instaladas, se reforça o papel positivo que a educação básica pode alcançar na melhoria da saúde pública e reprodutiva da população, por meio de programas/projetos direcionados especialmente à educação sexual. O objetivo claro é retardar a iniciação sexual dos jovens, diminuir o número de parceiros sexuais e "impedir los embarazos no planificados" (Unesco, 2000, p. 28), ou seja, controlar a natalidade.[14]

Ao reforçar a alfabetização como núcleo da educação básica, a Unesco propõe aos participantes do FME a Década da Alfabetização. Houve manifestações contrárias a programas fragmentados ou paralelos, chamando-se atenção da Unesco também para que os programas e ações não se pautem prioritariamente em objetos quantitativos, mas que sejam articulados com as de cunho qualitativo. Assim, os participantes, ao que me parece, coerentes com a própria tendência descentralizadora da Unesco, chamavam a atenção para que os próprios países tomassem iniciativa em relação às medidas para diminuição do analfabetismo.

> Para que se instaurem novos padrões da interação entre atores sociais cujo poder de barganha é desprovido de equilíbrio – diferentes esferas de governo e sociedade civil – há que se instaurar uma nova dinâmica na sociedade que transforme a frágil democracia política em regime de efetiva conquista democrática de direitos sociais e econômicos (Martins, 2001, p. 45).

---

[14] A preocupação do documento na totalidade em relação às doenças sexualmente transmissíveis, especialmente a Aids, é notória. Ironias à parte, tem-se a impressão de que a redução da pobreza passa pela redução do número de nascimentos entre a população pobre.

A produção cientifica na área educacional vem reiterando, nos últimos anos, que a educação básica tem merecido atenção especial por parte das políticas educacionais em todo mundo. No Brasil, os documentos produzidos no âmbito do MEC, das Secretarias Estaduais e a legislação educacional em vigor confirmam o status privilegiado atribuído àquele nível de ensino, conforme já destacamos anteriormente.

Neste sentido, a manifestação de Paulo Renato Souza (1999), ministro da Educação do Governo do Presidente Fernando Henrique Cardoso, em texto pertencente à coletânea intitulada *Educação para o Século XXI*, é exemplar,

> [...] devemos nos dar conta de que, hoje, há um novo mundo, e este novo mundo requer duas grandes características do sistema educacional: a **educação geral para todos** é condição essencial para a própria sobrevivência do país; e em segundo lugar, é necessária a integração entre educação geral e **preparação para o mercado de trabalho**. É preciso estabelecer formas claras de vinculação entre educação geral e preparação para o trabalho.

> Neste período de governo, gestão do presidente Fernando Henrique Cardoso, concentramos a nossa atuação no ensino fundamental [...]. Identificávamos com clareza, no ensino fundamental, uma espécie de "nó górdio" do sistema educacional, e era preciso desatá-lo para que o sistema pudesse crescer (Souza, 1999, p. 24-26, grifo nosso).

Em outra passagem, o ex-ministro se manifesta:

> O paradigma que se seguirá certamente requererá das pessoas grande flexibilidade para se adaptarem às novas situações e realidades. Requererá que sejam capazes de tomar decisões de forma independente, que sejam capazes de produzir de forma autônoma ou semiautônoma, tenham inventividade e não percam de vista a ideia de que quase não há mais hierarquias ou posições pré-definidas na cadeia de produção. (Souza, 1999, p. 24-26, grifo nosso).

Maria Aglaê de Medeiros Machado (2000), ex-secretária de Educação Fundamental do MEC (1992-1994), referindo-se às influências da Conferência Mundial de Educação para Todos (1990), no processo de elaboração do Plano Decenal de Educação no Brasil, solicitado por aquela, afirma que ela foi responsável nas políticas educacionais brasileiras por:

> [...] uma mudança de foco, que recaiu na atenção à escola e à sua autonomia pedagógica, administrativa e financeira, na qualidade e equidade do sistema educativo e nos objetivos de universalização associada à permanência, [...] na necessidade de institucionalizar novas relações entre as instâncias – o regime de colaboração –, a ênfase na correta aplicação dos recursos constitucionais, na continuidade e sustentabilidade das políticas educacionais, **bem como na incorporação dos segmentos sociais ao esforço de universalização e melhoria da qualidade educativa** [...] (Machado, 2000, p. 46-47, grifo nosso).

Maria Helena Guimarães Castro (1999), presidente do Instituto Nacional de Estudos e Pesquisas Educacionais (Inep), durante a gestão do ministro Paulo Renato Souza, parece ter sintetizado de modo inconfundível qual o valor da educação básica no novo milênio.

> Com a integração econômica e a velocidade das mudanças tecnológicas, tornou-se crucial para o Brasil promover uma acelerada elevação do nível de escolaridade de sua mão--de-obra. É claro que este objetivo está hierarquicamente subordinado à garantia do acesso à Educação Básica como condição mínima e indispensável para o exercício pleno da cidadania. Afinal, não se pode desconhecer que a média de aproximadamente seis anos de estudos ainda é inferior ao número de anos de ensino obrigatório, de oito anos, que deverá ser ampliado para nove anos, conforme meta incorporada ao Plano nacional de Educação [...] (Castro, 1999, p. 49).

Também no tocante à democracia, percebe-se integração entre os organismos internacionais e o governo brasileiro. O MEC, no segundo mandato do presidente Fernando Henrique Cardoso, entende a educação escolar como responsável por criar condições para que

> [...] todas as pessoas desenvolvam suas capacidades e aprendam os conteúdos necessários para que todos os alunos desenvolvam suas capacidades e aprendam os conteúdos necessários para construir instrumentos de compreensão da realidade e de participação em relações sociais, políticas e culturais diversificadas e cada vez mais amplas, condições estas fundamentais para o exercício da cidadania na construção de uma sociedade democrática e não excludente (Brasil, 1997, p. 33).

Para o Ministério, uma educação escolar que se pretende de qualidade precisa contribuir para a formação de cidadãos capazes de responder aos desafios calcados pela realidade e de nela intervir. A perspectiva adaptativa se faz presente neste trecho. A realidade como entidade teológica vai determinar os desafios a serem respondidos. A escola deve fornecer as respostas! (Brasil, 1998).

Em outro documento o Ministério afirma que

> Progressivamente vem se formando um consenso sobre quais são as condições necessárias para assegurar uma educação escolar de qualidade real: existência de um projeto educativo explícito e compartilhado pelos diferentes segmentos da escola, formas ágeis e flexíveis de organização institucional e de funcionamento, quadro estável de profissionais, apoio administrativo ao projeto educativo, qualidade da formação inicial dos professores, desenvolvimento profissional contínuo por meio de ações internas e externas [...] (Brasil, 1999, p. 27).

Como se pode observar, as características necessárias para as pessoas manterem-se inseridas nesse mundo e as propostas de gestão escolar são coincidentes.

Os Parâmetros Curriculares Nacionais das Séries Finais do Ensino Fundamental (Brasil, 1998), documento introdutório, trata das transformações necessárias na educação brasileira e conclui que

> É preciso também melhorar as condições físicas das escolas, dotando-as de recursos didáticos e ampliando as possibilidades de uso das tecnologias da comunicação e da informação. Finalmente, é preciso estimular de fato, o envolvimento e a participação democrática e efetiva da comunidade e dos pais nas diferentes instâncias do sistema educativo e, especialmente, criar mecanismos que favoreçam o seu envolvimento no projeto educativo das escolas (Brasil, 1998, p. 38-39).

O sucesso do discurso estatal (ideológico) no convencimento da população, administrações públicas e comunidade escolar, principalmente quanto à relação direta — maior escolarização, maiores e melhores oportunidades de emprego/aumento de renda —, mobiliza para ações do tipo voluntarista e autogestionário. Tais ações buscam a melhoria da taxa de retorno nos recursos aplicados na educação básica e se materializam nas unidades escolares, inclusive em ações de oferta por parte da comunidade de uma educação continuada não formal. Estes são exemplos de como a centralidade da educação básica se configurou em prioridade para o Ministério da Educação nos últimos anos.

A revista *Educação e Sociedade*, publicada em abril de 1991, em seu editorial, comenta a primazia atribuída à educação básica na destinação dos recursos do setor educacional e sentencia: "Diz a experiência e o senso comum que a alocação de recursos nos diversos níveis não deve sofrer oscilações drásticas: por mais importante que seja a universalização do Ensino Básico, o país continua precisando de quadros médios e superiores" (Revista Educação e Sociedade, 1991, p. 6).

Para Pereira (1990), a prioridade dada à educação básica traz consigo a marca da interferência externa, cujos resultados para os países periféricos podem ser graves. Segundo o autor,

> Pode-se admitir que a prescrição educacional americana de privatização e a política de contenção e cortes de verbas para a ciência tem menos relação com a sua realidade educacional do que com uma política deliberada de imposição – consentida pelos nossos governos, é bem verdade – de um modelo cujo resultado é a consolidação da restrição do direito à educação, do atraso e da dependência científica e tecnológica não apenas do Brasil mas também dos demais países do Terceiro Mundo (Pereira, 1990, p. 48).

Ao se admitir a conquista da universalização da educação básica no país, dado inegável até mesmo para os mais ferrenhos críticos do governo, a cortina que encobria a ideologia impregnada àquelas crenças cai. Ou seja, não resultou em melhor distribuição de renda, em aumento de empregos e salários, em universalização da educação básica. O contrário, porém, se confirmou.

O modelo institucionalizado de **Gestão Democrática** no Brasil é um dos mecanismos do Estado, conforme aponta Sola (1993, *apud* Bruno, 2002), com vistas a disciplinar as metas e ações coletivas no sentido esperado pelos seus agentes (do Estado). O que poderia parecer uma maior autonomia da unidade escolar em relação ao Estado, nada mais representou que a materialização da intervenção do Estado, uma vez que "foram reconhecidos e regulamentados os agentes sociais políticos, dentro da sociedade civil [...]" (Bruno, 2002, p. 46). Para a autora supracitada, as mudanças no Estado brasileiro têm sido justificadas como "uma saída para as crises de ordem econômica e pela exigência de democratização do mesmo", porém a reforma do Estado foi induzida em maior parte por mudanças no contexto político e econômico internacional. Os organismos internacionais propugnam "uma capacitação do Estado do ponto de vista político e democrático, o qual seria concomitante à abertura do mercado, como partes de um mesmo processo" (Bruno, 2002, p. 44).

A reforma do Estado brasileiro, porém, manteve a herança patrimonialista, o que não o alterou do ponto de vista normativo e democrático: o Estado permaneceu "[...] incapaz de garantir a Gestão Democrática e os direitos civis" (Bruno, 2002, p. 44). Continua sendo orientador e impositor de "normas econômicas e tributações exorbitantes, demonstrando que, ao contrário do que se poderia esperar, o Estado Brasileiro nada tem de 'mínimo', persistindo "sua elevada capacidade de dominação e legitimação" (Bruno, 2002, p. 44).

É sabido que historicamente as elites brasileiras mais retrógradas temem uma possível correlação entre maior grau de escolaridade, de um lado, e uma votação ou manifestação contrária aos interesses dominantes, de outro. Reiteradamente, as pesquisas desconstroem essa correlação mecânica. Não são apenas as elites que alimentam aquela crença. Outros seguimentos progressistas a sustentam. Daí valorizarem a educação formal pública. Não raro, o senso comum acadêmico propala o jargão: a elite não 'dá' educação escolar porque os analfabetos se tornam mais fáceis de dominar. Esta afirmação não resiste à análise, mesmo que superficial, da história política brasileira. Os dados relativos ao acesso e permanência das crianças e adolescentes nas escolas têm expressado aumento significativo do atendimento escolar fundamental, como nos demais níveis de ensino o que, pela ótica da correlação unívoca apontada anteriormente, significaria alteração profunda na configuração dos representantes eleitos pelo voto direto, bem como uma distribuição justa da riqueza socialmente produzida. Daquela ótica, tais dados do Censo Escolar representariam necessariamente melhoria nas condições gerais da população brasileira. Temos assistido a fenômenos eleitorais inusitados em número mais que suficiente para deixarmos de lado qualquer crença na correlação quanto ao primeiro aspecto.

Quanto ao segundo, a distribuição de riqueza, dados do Instituto Brasileiro de Geografia e Estatística (IBGE) demonstram que ano a ano o Brasil sobe no ranking dentre os países com pior distribuição de renda, o que demonstra uma relação inversamente proporcional: quanto mais educação, pior distribuição.

Mais grave, porém, é o recrudescimento dos movimentos da sociedade civil que reivindicavam mudanças substanciais na organização econômica e social vigente. Não se assiste mais a ações que contestem o capital no seu âmago, ou seja, que coloquem em risco a exploração da mais-valia, a acumulação capitalista.

Segmentos vinculados à direita conservadora, num artifício ideológico brilhante e eficaz, querem fazer crer que os movimentos sociais continuam presentes e estão mais fortes. Mas, segundo explicam, alteraram-se as metodologias de luta e parte do conteúdo programático. Ao invés de manifestações como passeatas, greves etc. contra o capitalismo e as relações sociais de exploração deles decorrentes, temos abaixo-assinados e disputa por espaços na mídia impressa e televisiva para tentar garantir avanços parciais e idiossincráticos: ações pela paz, luta em defesa do meio ambiente, pleno respeito às minorias, reivindicação por cotas para atender grupos étnicos distintos no serviço público etc. Das ruas para as páginas dos jornais e para o vídeo.

Ao não incorporar a perspectiva classista às categorias democracia e cidadania, o que vários autores vêm denunciando é que, o que corresponde ao modelo neoliberal/pós-moderno e sua característica individualizante, egoísta etc., é a propensão de os sujeitos voltarem-se para o local, valorizando a parcialidade, o fragmento, o imediato (Chauí, 2000; Bourdieu, 1998), em todas as esferas da vida. A proposta de Gestão Democrática reforça tais características ao defender a autonomia, a descentralização e a participação plena nas unidades escolares. Como o enfrentamento dos problemas relacionados à estrutura física quase sempre aparece como prioritário no ensino fundamental, o efeito ideológico decorrente deste processo é funesto para o avanço de perspectivas de resistência mais amplas. Noronha (2002, p. 90), neste sentido, vai afirmar que:

> A justificativa ideológica que se manifesta nesta retórica é a do respeito às singularidades e particularidades locais junto à do desenvolvimento de atitudes de autossustentação. A justificativa econômica é a da otimização e redistribuição de recursos escassos, sugerindo que seja gerido de modo mais eficiente aquilo de que se dispõe e propondo a transferência de recursos do ensino superior, médio e até do pré-escolar [para o ensino fundamental].

As influências das agências multilaterais aparecem de modo bastante claro em relação ao que se está tratando aqui. Seus documentos, quando abordam a temática da descentralização, são ilustrativos. Quer seja municipalizando, quer seja outorgando autonomia às unidades escolares, o efeito que aparece é o de mobilizar para dentro e desmobilizar para fora. As ações voltam-se para o interior dos municípios e escolas, para a realidade parcial e imediata. A felicidade, insinua-se, será conquistada com a resolução dos problemas próximos, íntimos, imediatos.

Rosar (1999, p. 8), para quem o Banco Mundial e as agências internacionais têm condicionado, em última instância, as políticas educacionais dos países latino-americanos às suas políticas econômicas, exercendo, portanto, "[...] o papel de guardiões dos interesses da burguesia e do capital em todos os continentes", em trecho do mesmo texto acaba por "elogiar" ações cujos resultados foram bem avaliados justamente por aquelas agências: o de orientação para a prática imediata, fragmentada. Depois da afirmação categórica sobre o papel que os organismos internacionais assumem no contexto neoliberal, a autora admite o sucesso de forças progressistas em municípios e estados brasileiros que, vitoriosos após as eleições de 1985, continuaram com políticas voltadas ao desenvolvimento dos setores sociais. Dentre os resultados destas políticas, avaliados positivamente pelos organismos internacionais, uma chama a atenção: "[...] criar mecanismos de participação da comunidade escolar e da comunidade de pais dentro da escola, a partir de eleições para a escolha de diretores e da constituição de conselhos escolares, comunitários e até dos conselhos municipais de educação" (Rosar, 1999, p. 3).

Em que pese o fato de usar como referência positiva de avaliação justamente os "guardiões dos interesses da burguesia e do capital" (Rosar, 1999, p. 8), a própria autora reconhece que os mecanismos democráticos conquistados apresentam limites e possibilidades em permanente confronto. E, embora os governos de oposição tenham se mantido em muitos estados e municípios, implementando aqueles mecanismos, o predomínio de forças políticas mais conservadoras em outras localidades permitiu o delineamento mais nítido das "diferentes e contraditórias concepções de Gestão Democrática" (Rosar, 1999, p. 3).

As discussões contemporâneas em torno da gestão educacional convergem quanto à existência de três categorias fundamentais: a descentralização, a participação e a autonomia. Quando se trata da Gestão Democrática, tais categorias vão incorporar, em maior ou menor medida, as discussões feitas no primeiro capítulo, e explicitar dilemas semelhantes, como se verá.

As esperanças na descentralização supõem, entre outras melhorias, que se alcance:

> [...] mais democracia, não tanto por causa da dimensão da igualdade, como no tema da centralização, mas pelas possibilidades de maior participação e maiores espaços para a representação da diversidade; [...] mais recursos, [pois] espera-se que sejam gerados aportes adicionais pelo setor privado,

pela comunidade e pelos pais; [...] mais eficiência [...] no uso dos recursos, no nível local, graças a um maior controle por parte da comunidade; maior qualidade na educação graças ao relacionamento mais próximo com os pais e da maior adequação às condições locais. As ações teriam maior significação, relevância e pertinência. Ampliar-se-iam os espaços de liberdade nas escolas e salas de aula para desenvolver a criatividade (Casassus, 1995 *apud* Martins, 2001, p. 41).

Os acréscimos nos mecanismos democráticos da sociedade relacionados não mais à igualdade, porém, à possibilidade de maior participação e representação da diversidade e da diferença (Casassus, 1995 *apud* Martins, 2001, p. 41).

Estudos sobre experiências descentralizadoras na América Latina e Caribe demonstram que apesar dos investimentos feitos nos anos 80, os sistemas de ensino mantinham administrações centralizadas e as escolas permaneciam sem apoio logístico e técnico (Casassus, 1995 *apud* Martins, 2001, p. 39).

De acordo com Martins (2001), a autonomia delegada e a maior liberdade dos sistemas de ensino representam a ausência de impedimentos estatais para que as escolas desenvolvam projetos pedagógicos autônomos, o que transforma a escola "[...] num amplo campo de exercício de livre arbítrio" que, tanto será mais bem-sucedido quanto maiores forem as condições de infraestrutura e de recursos humanos capacitados que ela tiver. Assim, assistimos à redução de recursos públicos para a educação, de um lado, e à descentralização e flexibilidade normatizadas nas redes de ensino, de outro. A escola finalmente pode, via "autonomia delegada", elaborar seu próprio projeto pedagógico, mas este se torna inviável por falta de condições físicas e operacionais (Martins, 2001, p. 35). Conforme relata a autora,

[...] observa-se que a defesa da descentralização dos sistemas de ensino passa a ser vista – equivocadamente – como a outorga de autonomia à própria unidade escolar. De modo geral, o conceito de autonomia – utilizado pragmaticamente, às vezes, como sinônimo de descentralização e desconcentração e, outras vezes, como a etapa subsequente de processos descentralizadores, perde seu significado nas orientações internacionais ou, em outras palavras, é (re)significado nas diretrizes que fundamentam as reformas do ensino a partir dos anos 90 (Martins, 2001, p. 31).

A conquista da democracia política não resultou na conquista de plenos direitos sociais, econômicos e culturais. A falta de 'mecanismos democráticos amplos' levou ao esvaziamento do significado dos conceitos defendidos por setores progressistas, principalmente partidos oposicionistas e sindicatos (Martins, 2001, p. 37).

Munin (1998 *apud* Martins, 2001, p. 32), ao avaliar experiências de descentralização na gestão dos sistemas de ensino, afirma que estes acabaram por se constituir num processo de outorga de autonomia às próprias escolas; a autonomia, por sua vez, deixa de ser entendida como "governo de si próprio" e passa a significar "a ampliação de espaços de discussão interna à própria escola e limitada à liberdade de implementar 'projetos pedagógicos autônomos'".

A Gestão Democrática proposta para a educação brasileira, segundo Nogueira (2003), será incorporada como parte do processo de descentralização anteriormente referido, e daí sua relevância como fator de obscurecimento do entendimento da totalidade socio político-econômica, bem como sua contribuição na consolidação do projeto político do capitalismo internacional hegemônico, em terras brasileiras, fortalecido pelas camadas dominantes nacionais hegemônicas no Estado. Dentre os fenômenos que ajudarão a obscurecer (papel ideológico importante) está a centralidade atribuída à educação básica e a crença na existência de relações (diretas e indiretas) desta escolarização com a melhoria das condições salariais, com maior possibilidade de emprego, com ampliação da capacidade competitiva do país no novo cenário da economia globalizada etc. A autora afirma que as políticas de vários governos a nível federal, estadual e municipal, as reivindicações dos movimentos de professores, estudantes e grupos organizados da sociedade, e as orientações e financiamentos para a educação básica, foram responsáveis por ações constituidoras do consenso em torno da centralidade da educação básica no Brasil.

Este consenso pode ser incluído como um dos elementos componentes do que Nogueira (2001) e outros autores vão caracterizar como "o pensamento único"[15] nestes tempos globalizados que, estabelecido a priori, reúne, num mesmo discurso, e de forma articulada, a homogeneidade social,

---

[15] "O que representa o pensamento único? Trata-se da tradução em termos ideológicos da pretensão universal dos interesses de um conjunto de forças econômicas, em particular do capital internacional. Ele foi, por assim dizer, formulado por ocasião dos acordos de Bretton-Woods. Seus instrumentos principais estão constituídos pelas grandes instituições econômicas e monetárias – o Banco Mundial (BIRD), o Fundo Monetário Internacional (FMI), a Organização de Cooperação e Desenvolvimento Econômico (OCDE) [...], que graças ao seu financiamento, recrutam a serviço de suas ideias, em todo o planeta, numerosos centros de pesquisa, universidades e fundações, que por sua vez, precisam e difundem a boa doutrina" (Ramonet, 1997, p. 24).

o consenso político, o determinismo mercadológico e a centralidade na educação básica. O pensamento único vai encontrar na educação brasileira seu principal argumento cultural e ético para "descolar, obliterar e falsear as condições históricas concretas que produziram o consenso fundante que se expressa nas necessidades de reprodução, ampliação e concentração do capitalismo internacional" (Nogueira, 2001, p. 22-23).

Conforme assinala Gentili (1995, p. 136-137), "atualmente, vivemos o despertar de um certo arroubo participacionista sem precedentes na história do capitalismo". Sua expressão paradigmática são os conhecidos círculos de qualidade.

> Hoje, os empresários reconhecem que aqueles velhos tempos não tinham nada de moderno e – sobretudo – que os operários mecanizados que imortalizou o genial Chaplin podem chegar a ser menos produtivos (menos rentáveis) que um operário participativo e motivado, ou como se costuma dizer agora, 'polivalente' (Gentili, 1995, p. 136-137).

Referindo-se a Taylor e seu método cientifico de produção, Gentili (1995) afirma que o alcance da qualidade, segundo a lógica capitalista, tem muito a ver com a aplicação de métodos disciplinares. "Nenhum sistema de disciplina é completo se não é suficientemente amplo para ser aplicado à grande variedade de caracteres e disposições dos diversos operários reunidos em uma fábrica" (Taylor, 1925, p. 257 *apud* Gentili, 1995, p. 138).

> [...] para os trabalhadores, a educação é um processo fundamental para o desenvolvimento de inteligências e de produção de conhecimento, na diversidade em que se apresentam, e o saber é um instrumento para combater as iniquidades de que são vítimas, do ponto de vista do sistema de ensino dominante (estatal e privado), a educação voltada para a população trabalhadora nada mais é que a 'tradução da dominação', em que o saber opera como tradução do poder (Tragtenberg, 1990) e o processo de produção de capacidade de trabalho (Bruno, 2002, p. 35).

Para Gentili (1995, p. 145), "a estratégia participativa desta experiência [Programa de Qualidade Total] não se diferencia, em quase nada, do que constituem os Círculos de Qualidade nos meios empresariais".

Segundo Paro (1997), no senso comum, entre políticas educacionais, a boa qualidade do ensino público está vinculada à sua capacidade de preparar para o mercado de trabalho e de ajudar os alunos a ingressarem na universidade. Neste sentido, Zung (1984 *apud* Hora, 1997, p. 48) esclarece.

> Longe de possuir a lógica de Empresa, a organização escolar compreendida dialeticamente não se fundamenta na racionalidade funcional, na hierarquia, na objetividade, na impessoalidade, cujo objetivo é a exploração do trabalho alienado. Sem desconsiderar suas características reprodutoras, a escola contraditoriamente, pode buscar conhecimento através da relação sujeito-objeto, entendida como processo personalizado, que se dá entre homens independentes, em que se busca a transformação.

Bastos (1999), ao discutir a Gestão Democrática e a administração escolar, explicita a incoerência interna a que estão sujeitas as tentativas de tratar a temática de modo conciliador entre as tendências de ruptura e de reforma. Segundo o autor,

> É fundamental democratizar o debate de tal forma que todos nas escolas públicas possam ser sujeitos dele. A gestão democrática somente será um modelo hegemônico de administração da educação, quando no cotidiano da escola, dirigentes e dirigidos participarem desse debate tanto nas reuniões administrativas e pedagógicas quanto nas aulas (Bastos, 1999, p. 14).

O mesmo autor, em outro trecho do mesmo artigo, reitera aspectos diferenciais entre práticas de gestão:

> As práticas de gestão [não democrática] fazem parte deste cotidiano [escolar], e têm historicamente servido mais para controlar do que para estimular os novos conhecimentos. Elas procuram materializar as relações de poder na esfera administrativa – organização do trabalho, burocracia e pessoal (Bastos, 1999, p. 24).

Citando Spósito, Bastos (1999, p. 25) concorda que,

> [...] assim como a administração atinge a totalidade da escola, a gestão democrática não pode ser uma proposta de democratizar apenas a esfera da administração da escola. É fundamental que atinja todas as esferas da escola e chegue à sala de aula. Enquanto a democracia não chega ao trabalho de sala de aula. A sala de aula não é só lugar do conteúdo, é também o lugar da disputa pelo saber, é o lugar da construção da subjetividade, é o lugar da educação política.

Contraditoriamente, o autor faz estas afirmações pouco após se perguntar sobre qual o significado "[...] da gestão democrática para a administração pública, quando a população está ameaçada pela fome, pela doença e pelo desemprego, quando a mídia deturpa o público e proclama a solução de todos os problemas econômicos pela iniciativa privada" (Bastos, 1999, p. 24).

Para o autor, atualmente "a sociedade civil não está aglutinada em torno da democratização do Estado e da sociedade, mas na grande luta pelo emprego e subsistência" (Bastos, 1999, p. 23). Assim,

> A gestão democrática da escola pública deve ser incluída no rol de práticas sociais que podem contribuir para a consciência democrática e a participação popular no interior da escola. Esta consciência e esta participação, é preciso reconhecer, não têm a virtualidade de transformar a escola numa escola de qualidade, mas tem o mérito de implantar **uma nova cultura na escola**: a politização, o debate, a liberdade de se organizar, em síntese, as condições essenciais para os sujeitos e os coletivos se organizarem pela efetividade do direito fundamental: acesso e permanência dos filhos das classes populares na escola pública (Bastos, 1999, p. 22-23, grifo nosso).

Como é possível verificar, a postura do autor traz a incoerência interna peculiar às tentativas que julgam idênticas às metodologias reformistas (conjunturais) e as de ruptura classista (estruturais), quando se trata de avançar rumo à superação da sociedade capitalista. A atribuição do papel da escola e da Gestão Democrática é sobrevalorizada nas metodologias de tipo reformista. A harmonia prevalece. A supressão dos conflitos — geralmente pedagógicos ou de personalidades distintas —, acredita-se, se dará pelo diálogo e pela implementação de uma lógica sobre-humana, transcendente, mecânica, marcada pelo apagamento das diferenças de classe e todas as outras dela decorrentes. A racionalização — mercadológica, obviamente — eliminará os problemas no ambiente escolar e, por extensão, em toda a sociedade, já que a sinergia se voltará a objetivos comuns a todos.

Na postura de Alencar (1999, p. 38), a incoerência continua presente, já que para esse autor,

> Uma visão e uma prática cidadãs pressupõem resgate da perspectiva histórica e percepção holística, ecológica, cooperativa, embasadas na generosa crença socialista e no autêntico compromisso democrático. O veículo para a inculcação desta nova cultura, libertária e solidária, é a educação política para a cidadania, que se dá na escola e fora dela, como processo abrangente que se dissemina em várias frentes. Também os

> partidos políticos de corte socialista e popular têm que ser agentes desta educação, não meramente doutrinária, mas criadora das luzes de uma consciência crítica em meio à manifestação e à messianização do mercado.

Porém, logo a seguir, afirma que o Estado globalitário atual "[...] na falta de projetos de sociedade e com o declínio das políticas sociais, vai se recompondo na forma de guetos, gangues, violentas 'tribos' de delinquência e sobrevivência", e que "[...] a desumanização como caminho, a cultura egoística e o individualismo exacerbado como combustível: para parcelas crescentes, principalmente de jovens. Nesse mundo, o Estado não existe ou só aparece com farda, repressão e morte" (Alencar, 1999, p. 40).

Mesmo fazendo tal análise de conjuntura, Alencar (1999) defende a importante disputa pelo controle do Estado. Ocupar os espaços, mantendo vínculo com "os movimentos sociais e da mobilização permanente", segundo ele, "é decisivo para a implementação de políticas públicas para as maiorias e, consequentemente, para uma intervenção mais contínua e consequente na sociedade" (Alencar, 1999, p. 41). Citando o que considera enganos de postura, o autor enumera um deles como sendo a ideia de que "a escola não muda a sociedade" (p. 41), e, após breve apanhado dos significados e limites que a educação possui, o autor supracitado arremata da seguinte forma:

> A parte só o é porque inserida no todo. Sempre contém seus elementos, jamais está inteiramente dissociado. Superemos a visão fragmentária e institucional: sociedade e escola transformaram-se mutuamente no processo social, e a escola, como aparelho ideológico, é sempre mais conservadora, mais lenta na mudança. Mas ainda assim, decisiva (Alencar, 1999, p. 44).

As posições que transitam entre o diagnóstico de falência do Estado e sociedade e a apologia a práticas escolares democráticas são constantes. No caso de Alencar (1999), podemos perguntar, entre outras coisas, como a escola, que mais conserva do que muda, pode ser decisiva no processo de disputa por espaços no Estado se, além de sua característica reacionária, o público que a frequenta faz parte e tem que enfrentar os demais problemas do modelo de sociedade descrito pelo autor?

Os autores analisados trabalham, no mais das vezes, propondo democratizar o ensino/a escola pública, o que por si só aponta as opções políticas. Falta sustentação empírica às produções acerca da Gestão Democrática; não há registros de casos substanciais que indiquem melhora substantiva interna e externamente. Segundo Spósito (1999, p. 50), "devemos avançar na reflexão de algumas contradições, alguns paradoxos da democracia representativa, para que essa possibilidade de Gestão Democrática não se esgote nos mecanismos formais e ritualistas da representação".

Baseando-se em análises de Norberto Bobbio, Spósito (1999, p. 50) aponta a primeira dificuldade para a concretização da Gestão Democrática. Trata-se da "incompatibilidade existente entre modelos burocráticos e práticas democráticas". Para ela,

> Não há democratização possível, ou gestão democrática da educação ao lado de estruturas administrativas burocratizadas e, consequentemente, centralizadas e verticalizadas, características rotineiras dos organismos públicos do Brasil, na arena da Educação. Efetiva descentralização e autonomia para a ampliação da perspectiva de democratização da gestão escolar (Spósito, 1999, p. 50).

Afirma também que canais democráticos de gestão, como o caixa escolar, por exemplo, não podem se efetivar sem uma:

> [...] profunda alteração administrativa das estruturas dos organismos ligados à educação: federais, estaduais e municipais [...] tradicionalmente, as propostas mais concretas [de Gestão Escolar] resumiram-se em mecanismos que não transcendem o nível da unidade escolar, o *lócus* mais frágil, uma vez que sempre deteve o menor poder de decisão (Spósito, 1999, p. 50).

É preciso aliar as práticas representativas com práticas de democracia direta, no sentido da ampliação do espaço de discussão e decisão a envolver setores mais amplos do que um conselho, muitas vezes constituído sem possibilidade de ampla participação.

Spósito (1999) consegue aproximar-se mais de uma leitura radical das práticas de gestão e dos limites da implementação da Gestão Democrática. Consegue explicitar que são quase inexistentes os elos entre a democracia na gestão escolar e a democracia da sociedade. A autora elenca outros fatores que podem fazer diferença no âmbito da gestão escolar para que esta ganhe matizes democratizantes. Segundo diz, as relações entre os protagonistas das atividades educativas devem estar abertas ao conflito. Se o pressuposto for a harmonia e a mera adesão — não obstante o caráter protagonista dos pressupostos —, exprimiremos apenas uma nova modalidade de subordinação político-cultural e qualquer orientação deixará de ser inovadora, reiterando o fracasso. As maiores dificuldades para avançar rumo a uma participação de cunho mais radical, por assim dizer, se encontram na débil relação entre professores, alunos e população, especialmente na ausência dos movimentos populares e sindicais. Estes, segundo Spósito (1999, p. 53), é que "trazem diretamente as questões concretas da sociedade para o âmbito da escola". Seu afastamento amplia a característica endógena da gestão escolar, já apontada. O papel de pais e moradores fica restrito, deste modo, "apenas à colaboração na prestação de serviços, a contribuição financeira ou o encargo de assumir penas disciplinares 'compartilhadas' com professores e direção [...]" (Spósito 1999, p. 53). A autora defende a organização independente a liberdade de organização dos protagonistas nas instituições escolares.

> Se é importante a criação de canais institucionais, capazes de viabilizar essa participação democrática, é ainda na escola e, muitas vezes ultrapassando suas fronteiras, que a luta maior deve ser travada. Qualquer possibilidade de uma presença popular mais efetiva no sistema educativo exige a organização independente como sustentação e instância de aprofundamento dessa participação (Spósito, 1999, p. 53).

Apesar de se aproximar da posição que se defende aqui, a autora, na conclusão do artigo em questão, mira grande confiança na micro institucionalização da escola, argumentando que a mudança nas práticas escolares — a formação de um novo projeto pedagógico — é pré-requisito para a abertura dos portões e muros escolares. Essa ação inicial e fundamental dos professores — a construção de um modelo pedagógico genuinamente democrático da escola — é que garantirá que os futuros projetos prescindam da presença efetiva de outros protagonistas, como pais, alunos e demais forças sociais. Observa-se a partir daí que "[...] se torna necessário constituir um espaço público de participação que, não obstante, envolva o sistema escolar, certamente o ultrapasse" (Spósito, 1999, p. 56). Citando Bobbio, a autora Spósito (1999, p. 56) afirma que,

> A luta pela democracia opera num amplo quadro de condições desfavoráveis à sua implantação. A gestão democrática da escola apresenta-se como mais um dentre outros desafios para a construção das novas relações sociais, constituindo um espaço público de decisão e de discussão não tutelado pelo Estado.

Em texto que discute a Gestão Democrática, Paro (2001, p. 66) afirma que,

> A questão da participação da população usuária na gestão da escola básica tem a ver, em grande medida, com as iniciativas necessárias para a superação da atual situação de precariedade do ensino público no País, em particular o ensino fundamental. Diante da insuficiência da ação do Estado no provimento de um ensino público em quantidade e qualidade compatíveis com as necessidades da população, propugna-se pela iniciativa desta no sentido de exigir os serviços a que tem direito.

O autor aponta uma postura diferente de grande parte dos textos que abordam a questão da Gestão Democrática. Numa perspectiva que poderia chamar de pedagógica. Paro (2001, p. 66) entende que a participação dos pais rumo à melhoria da qualidade da escola pública atual deve se caracterizar mais pela "adesão da família para a sua [da escola] tarefa de desenvolver nos educandos atitudes positivas e duradouras com relação ao aprender e ao estudar". Para ele, tal papel da família é relevante enquanto ela colabora com o processo pedagógico, também fornece subsídios para a tomada de decisões que melhoram a educação escolar, com elementos que não vêm sendo pautados no planejamento do ensino público. O autor chama a atenção para o cuidado que se deve sempre tomar para evitar o equívoco "delegar aos pais e à comunidade aquilo que compete ao Estado, por meio da escola, realizar" (Paro, 2001, p. 67).

Do mesmo modo, apontam para as irregularidades marcantes dos processos de descentralização e a não correlação com uma ampliação dos mecanismos democráticos de gestão do Estado e de sua relação com a sociedade civil.

O maior problema, do ponto de vista político, trazido pelas abordagens e práticas que priorizam soluções bairristas ou municipalistas, é a alienação causada aos sujeitos envolvidos nestas práticas. O caminho apontado no mais das vezes segue o seguinte percurso: se os municípios forem bem-sucedidos ou governados por partidos progressistas, conseguirão levar a cabo políticas sociais bem-sucedidas. Assim, pode parecer que, elegendo, nos municípios e Estados, políticos progressistas, o efeito disseminador será desencadeado. Cada município, "fazendo a sua parte" contribuirá para a felicidade de todo o seu estado e do seu país.

Para as abordagens de cunho disseminador/multiplicador de democracia, as escolas são tidas como microssociedades nas quais os antagonismos da sociedade mais ampla se manifestam. A escola torna-se, assim, o "palco" dos embates políticos, sociais, culturais da sociedade maior, na qual os atores vivenciarão os mesmos papéis que "na vida real". A mesma lógica se aplica à descentralização que atinge os municípios. Ao estender às municipalidades análises semelhantes, não se deve esquecer que também as cidades possuem ricos e pobres, patrões e empregados. Nelas se produz e reproduz o capitalismo que, no Brasil, está sendo dirigido pelo capital internacional e pela elite interna, sua aliada. Os mecanismos de adaptação e despolitização do ambiente intraescolar são exponencialmente ampliados na esfera municipal e, sucessivamente, para as demais instâncias da sociedade. Esta conclusão remete à seguinte questão: deve-se priorizar esta metodologia da parte para o todo — ou o todo é a soma das partes —, ou deve-se priorizar o aprofundamento da crítica (Frigotto, 2002), a ampliação propositiva e prática nas instâncias políticas mais amplas a partir de uma perspectiva classista.

Priorizar o dispêndio de esforços na base, como argumenta reiteradamente, rumo à mudança de baixo para cima, vem resultando na quase extinção de ações políticas abrangentes, que incomodem a mola mestra do capitalismo, ou seja, a acumulação e concentração da riqueza. Por outro lado, reforça-se o caráter celular, individualista da busca por mudanças. As forças conservadoras, porém, não optam pela guerra nas comunidades.[16] Sua ação privilegia e conta com mecanismos massivos, amplos de convencimento e disseminação ideológica (Tecnologias da Comunicação e Informação [TIC]: televisor, rádio, jornal, internet etc.). As escolas não possuem tais mecanismos, e ainda que os possuísse, seu uso, seus fins, estariam submetidos à vontade da comunidade, seus interesses, suas demandas (que podem indicar maior ou menor grau de politização).

As ações desencadeadas parcialmente, em ambientes menores, são frágeis e fragilizam os sujeitos em relação a possíveis ações de maior amplitude. Por diversas razões: o dispêndio de todo tempo nos espaços locais; o

---

[16] Analisando o período de transição do Regime Militar à Nova República, Cunha (1991, p. 378) aborda o que chamou de comunitarismo educacional. Segundo o autor, "Assim como a escola pública difundiria a cultura dominante (cultura burguesa) e não poderia ser de outro modo, deveria haver uma escola que difundisse a cultura popular. Essa escola não poderia ser estatal, já que o Estado estaria essencialmente comprometido com os interesses da classe dominante. Ela teria de ser uma 'escola comunitária', que fosse criada pela 'comunidade', administrada por ela, sem interferências das secretarias de educação. Era o comunitarismo educacional, ideologia incentivada pelo próprio Estado, numa surpreendente aliança tácita com seus opositores. [O comunitarismo], enquanto uma via do antiestatismo no campo da educação, foi, se não aberta, pelo menos pavimentada pelo regime militar. A conclusão decorrente dessa análise é a de que a construção da democracia no Brasil, especialmente no que diz respeito à educação escolar, deve incluir o combate a essa forma de antiestatismo, sem abandonar a necessidade imperiosa de se combater o autoritarismo profundamente entranhado no Estado, notadamente nas redes públicas de ensino – das salas de aula às secretarias" (Cunha, 1991, p. 378).

ofuscamento provocado pelo ambiente local em relação à sociedade mais ampla; a mudança no local (imediata) tomada como resultado adequado da ação efetivada, inibindo ações de maior impacto — tem-se em mente que o problema local é todo o problema —; exigência de presença em tempo integral dos sujeitos para monitoramento das ações e dos resultados obtidos no nível local.

As críticas às condições políticas, econômicas e sociais atuais, capitalistas, aparecem recorrentemente nos autores estudados e são semelhantes entre si. O paradoxo se apresenta quando às críticas estruturais se apontam soluções pontuais/conjunturais, que separam as partes do todo, como já discutido no primeiro capítulo. Esses autores demonstram que inexistem apontamentos no sentido da formulação de modelos societários alternativos, o que limita as abordagens das práticas de gestão e de suas possibilidades aos moldes dados pela legislação brasileira, oriunda do Estado brasileiro, cujo grupo hegemônico no poder representa os interesses do capitalismo internacional. Restringem-se, portanto, a uma crítica ao modelo, apontam-se diferenças, semelhanças, singularidades entre práticas de gestão de suas manifestações nas unidades escolares e circunvizinhanças. Os modelos elogiados rumo às melhorias sociais pela educação escolar optam pela via eleitoral/representativa ou, dito de outro modo, defendem uma mudança, que ocorre do particular para o universal.

Ribeiro (2001), em texto que analisa a prática escolar a partir de conceitos trabalhados por Sánches Vasquez, nos fornece uma indicação importante no sentido de refletirmos sobre os limites educativos das práticas humanas. Nesse sentido, é ingênua a ideia, por exemplo, de que práticas administrativas ou de Gestão Democrática tenham valor intrínseco como disseminadoras de lições democratizantes. Recorrendo a Snyders e Makarenko, a autora chama a atenção "para o engano de considerar que a prática (a ação, a atividade, o trabalho, a produção, ou como quer que venhamos a denominá-la) tenha em si, à moda de um dom, uma dimensão educativa" (Ribeiro, 2001, p. 14).

Pazeto e Wittmann (2001) tratam a perspectiva compartimentada da gestão escolar como sendo positiva *per si,* ao contrário do que Ribeiro (2001) defende. Mais ainda, o que temos apontado como contradição fundamental a este respeito é revisitado nesses estudos de maneira positiva. Ou seja, em que pese todo o cenário histórico geral amplamente desfavorável, as práticas democráticas significativas acabam por prevalecer a crença de que, no nível parcial, particular, as ações diferentes farão a diferença no cenário mais geral. Deste modo, acredita-se que:

A história da escola brasileira, **apesar** de marcada pela sua base clientelista, organização piramidal e centralização, assim como as atribuições reais dos profissionais envolvidos com a gestão da escola, no contexto concreto, não são impeditivas de, **no cotidiano** da gestão escolar encontrar alternativas.

A construção de um processo educativo de qualidade e historicamente relevante implica um processo participativo de gestão, que constitui o compromisso pedagógico-social a administração da educação **em nível da escola**.

Dada a **centralidade** da aprendizagem, razão e sentido da escola, **a gestão redefine-se em função do projeto político-pedagógico**, do currículo integrando o pluralismo cultural. A gestão escolar deve se reinventar como lugar de pesquisa e liderança, com perspectivas teórico-metodológicas que permitam repensar a organização do trabalho-escolar (Pazeto; Wittmann, 2001, p. 271-272, grifo nosso).

Não há como defender ou relatar casos bem-sucedidos de Gestão Democrática da perspectiva mais ampla, simplesmente porque não há sociedade democrática classista (dos trabalhadores). Ou seja, os dados da totalidade social apontam uma distância cada vez maior entre ricos e pobres — entre os países e entre classes dentro dos países. Não se pode defender a autonomização da democracia sem a existência de parâmetros classistas objetivos nas esferas mais amplas da sociedade.

É preciso principalmente se contrapor a esse movimento que, sob o discurso da autonomia — e da necessidade de participação da comunidade e passagem do controle das escolas às mãos da sociedade civil — justifica medidas tendentes a eximir o Estado de seu dever de arcar com os custos das escolas, com soluções que deixam estas à própria sorte, induzindo participação da comunidade não para decidir sobre seu destino, mas para contribuir no financiamento do ensino "[...] Não esquecer, afinal, que **a autonomia nem sempre está associada à democracia**" (Paro, 1997, p. 4, grifo nosso).

Pazeto e Wittmann (2001, p. 272) afirmam que "autonomia e democratização são dois aspectos indissociáveis do mesmo processo emancipador das pessoas e da humanidade". Quase metade das pesquisas sobre Gestão da Escola (1991-1997), coordenada pela Associação Nacional de Política e Administração da Educação (Anpae) concentrou-se na temática autonomia e democratização (Pazeto; Wittmann, 2001). Para estes autores,

> A construção da escola cidadã e a busca da melhoria da prática educativa escolar perpassa a temática da democratização e autonomia da escola. **A contribuição intencional da educação escolar no processo amplo da emancipação humana exige a autonomia e a gestão democrática**, que constituem dois aspectos ou dimensões indissociáveis da construção da escola cidadã (Pazeto; Wittmann, 2001, p. 269, grifo nosso).

Tal afirmativa faz parte do rol daquelas que se tem criticado neste estudo que é a correlação ideológica apontada e defendida: maior autonomia das unidades escolares é igual a maior democratização dessas unidades e das comunidades.

No contexto de endogenia, apontado por Gentili (1995), pode-se entender o modelo e os efeitos da Gestão Democrática (tutelada) e suas categorias intrínsecas (autonomia, descentralização e participação), que se efetivaram no Brasil, e como vêm se manifestando nas unidades escolares. Ou seja, as lutas pela implementação da Gestão Democrática que se iniciavam pós-regime de 64 não representaram perigo ao projeto societário burguês no país, tendo sido aquele modelo de gestão incorporado na Constituição Federal de 1988 (Brasil, 1988) e na LDB 9394/96, nos artigos 3º, 14 e 15 (Brasil, 1996)

> Art. 3º - O Ensino será ministrado com base nos seguintes princípios:
>
> [...] VIII – Gestão Democrática do ensino público, na forma desta Lei e da legislação dos sistemas de ensino; [...]
>
> Art. 14 – Os sistemas de ensino definirão as normas da Gestão Democrática do ensino público na Educação Básica, de acordo com as suas peculiaridades e conforme os seguintes princípios:
>
> I – participação dos profissionais da educação na elaboração do projeto pedagógico da escola
>
> Art. 15 – Os sistemas de ensino assegurarão às unidades escolares públicas de Educação Básica que os integram progressivos graus de autonomia pedagógica e administrativa e de gestão financeira, observadas as normas gerais de direito financeiro público (Brasil, 1996, s/p).

Após a visão panorâmica acerca de como a Gestão Democrática no país resultou da adaptação da política nacional aos ditames dos organismos multilaterais e de como essa gestão ajudou na construção do consenso em torno da Centralidade Educação Básica, podemos visitar o estado do Paraná na tentativa de desvelar as formas concretas de como a universalização do ensino fundamental foi alcançada neste estado, em boa parte pelo modelo de gestão e organização escolar que se estabeleceu nas unidades escolares e no sistema.

4

A UNIVERSALIZAÇÃO DO ENSINO FUNDAMENTAL E A GESTÃO ESCOLAR DEMOCRÁTICA NO PARANÁ

O percurso que se pretende trilhar neste capítulo é o de verificar se a Gestão Democrática implantada e implementada no estado do Paraná nos últimos anos se constituiu em elemento significativo para a universalização do ensino fundamental.

Para apoiar as análises, se utilizará como fontes principais: a) documentos e veículos de comunicação oficiais do Estado impressos, especialmente da Secretaria Estadual de Educação do Paraná (Seed PR), destinados às unidades escolares e às APM; e b) dados coletados de entrevistas com representantes de segmentos da comunidade intra e extraescolar de duas escolas de Londrina, com características distintas quanto à gestão — uma "problemática" e outra "modelar", conforme avaliação de integrantes do Núcleo Regional de Educação (NRE)[17]. Pretende-se também dialogar com alguns autores[18] que pesquisam a Educação e a Gestão no Paraná, trazendo parte de suas análises em relação a esta temática, o que permitirá constatar suas posturas em relação ao posicionamento discutido no primeiro capítulo, bem como os limites e possibilidades por eles apontados em relação à escola paranaense e sua gestão atentando às contradições ou divergências entre as posturas.

No estado do Paraná, a década de 90 se apresenta como fecunda em formulações conceituais e em políticas de gestão para as escolas públicas. No mandato do governador Roberto Requião (1991-1994), que antecedeu a Jaime Lerner, ocorreram as primeiras mudanças de rumo das políticas educacionais, apontando para o abandono dos ideais que moveram os setores progressistas pós-ditadura, e, por outro lado, se atendeu às orientações dos organismos internacionais (Silva, 1998). Deixa-se de buscar a "escola cidadã" para buscar a "escola de excelência".

---

[17] Para identificar a pertença das falas a uma ou outra escola, utilizaremos a escola "M", para designar a escola "modelar" e a escola "P" para designar a escola "problemática".

[18] Debateremos com alguns autores que analisam as políticas educacionais no Paraná, não os tendo incluído nas análises do segundo capítulo.

À mudança de rumo político não correspondeu, porém, o abandono dos princípios da Gestão Democrática, ao contrário, acompanhou-a uma maior valorização das categorias descentralização, participação e autonomia escolar. Para Souza (2001, p. 204), neste período ocorreu a "transição entre a forma democrática de gestão escolar, que se buscava construir até então, e aquela que incorpora a transposição linear dos princípios da gestão empresarial para a gestão escolar".

A gestão empresarial e escolar tem em comum o fato de buscarem a otimização da relação custo-benefício ou objetivos-resultados. A busca da qualidade educacional, conforme trata Gentili (1995), se serviu do modelo produtivo empresarial. O autor analisa as razões pelas quais isso ocorre e as consequências mais evidentes desta transposição.

As críticas à transposição de modelos empresariais ao campo educacional, entendido como lócus privilegiado para o acirramento das contradições do sistema capitalista e sua superação rumo ao socialismo, se referem ao fato de que naqueles modelos "[...] ignora-se qualquer tipo de referências ao contexto político. Tudo se resume na boa vontade dos 'atores' (estudantes, professores e diretores) para instalar, criar e reproduzir as condições institucionais da qualidade em suas próprias escolas" (Gentili, 1995, p. 145).

A Gestão Democrática, como concebida atualmente, num contexto social marcadamente excludente e concentrador, está eivada de características que mais obstaculizam do que ampliam as possibilidades de democratização. Como exemplo disso, tem-se o tratamento dado por Ramos (1992 *apud* Gentili, 1995) a um dos pontos do Método Deming[19] (n.º 9 — a Eliminação de Barreiras) analisado mais demoradamente pelo autor. As barreiras existentes para se alcançar a qualidade escolar almejada a que se refere Ramos (1992 *apud* Gentili, 1995) são: a centralização administrativa (no caso a concentração de poder nas mãos do diretor); o isolamento pedagógico (no caso a autoconfiança excessiva dos professores tradicionais como sendo o centro do processo); e influência de grupos informais (características indesejáveis, especialmente de interferência dos sindicatos).

Gentili (1995) afirma que as raízes do controle de qualidade nas escolas brasileiras aparecem ligadas às experiências norte-americanas. "Deste modo, a Escola de Qualidade Total começa a evidenciar-se como

---

[19] Trata-se do Método de 14 pontos, de W. Edwards Deming, de grande aceitação no mundo dos negócios (Gentili, 1995).

a tentativa mais séria de aplicar os princípios empresariais de controle de qualidade no campo pedagógico" (Gentili, 1995, p. 143).

As diferenças entre um modelo brasileiro de Escola de Qualidade Total de Ramos (1992 *apud* Gentili, 1995) e as pretensões da Gestão Democrática das escolas amplamente difundidas são mínimas, deixando claro que se trata do mesmo processo.

Segundo Ramos (1992 *apud* Gentili, 1995, p. 143), a proposta da Qualidade Total em Educação "[...] traz consigo uma estratégia inovadora de transformação de baixo para cima, de cada escola, de cada instituição de ensino, para a 'melhoria global do sistema educativo nacional'". Gentili (1995) afirma que, para a autora, isto ocorrerá se, entre outros fatores, um pacto para a qualidade for estabelecido entre alunos, professores, dirigentes, técnicos, pessoal administrativo do setor educacional, pais e a sociedade como um todo. Para o autor, Ramos não vê obstáculos na extrapolação de um método oriundo do mundo empresarial para o campo educacional. Gentili (1995) elenca a seguir os princípios da Qualidade Total em Educação difundidos por Willian Glasser, baseados nos 14 pontos de Deming. São eles:

> Gestão Democrática ou por liderança da escola e das salas de aula.
>
> O diretor como Líder da comunidade educativa.
>
> O professor como Líder dos alunos.
>
> A escola como ambiente de satisfação das necessidades de seus membros.
>
> Ensino baseado no aprendizado cooperativo.
>
> Participação do aluno na avaliação de seu próprio trabalho.
>
> Trabalho escolar de alta qualidade como produto de uma Escola de Qualidade (Glasser, 1990 *apud* Gentili, 1995, p. 144).

Gentili (1995) afirma, entre outras coisas, que o Programa Escola de Qualidade Total possui claro sentido micro institucional.

A busca pela autonomia escolar contida nas pautas de reivindicações por parte dos movimentos sociais (Associações de Trabalhadores, APM, sindicatos), no discurso de arautos das políticas governistas como a Rede Nacional de Referência em Gestão Educacional (Renageste) e do Conselho

Nacional de Secretários de Educação (Consed), no texto da legislação educacional (LDB, Pareceres do Conselho Nacional de Educação, PNE, Conselho Estadual de Educação), na prática, tem se expressado como reforçadora da micro institucionalização. Uma das ideias basilares do Programa de Qualidade Total é a de que cada unidade escolar, melhorando sua qualidade, alterará o sistema todo. O resultado destas micro mudanças transformará a prática dominante do sistema. Para Gentili (1995, p. 145), "a estratégia participativa desta experiência não se diferencia, em quase nada, do que constituem os Círculos de Qualidade nos meios empresariais".

No que se refere à política educacional paranaense e suas orientações para a universalização da educação básica com qualidade; a gestão escolar democrática, participativa ou compartilhada, são várias as fontes a que podemos recorrer. O Projeto Pedagógico da Seed PR (1987-1990)[20] permite visualizar as intersecções entre o movimento democrático pós-ditadura e a política educacional que se pretendeu implantar no estado, e do mesmo modo evidencia a fé de que uma nova sociedade está sendo gestada no lugar antes ocupado pelo Regime Militar.

> Em função de **modificações mais amplas de caráter político-social em toda a sociedade,** como o movimento de abertura, anistia, etc., o final da década de 70 caracterizou-se por uma intensa movimentação de inúmeros setores, especialmente o educacional. [...] A produção teórica **projeta-se** então no discurso político, denunciando as contradições do sistema político em busca do **rompimento com o modelo autoritário e economicista da educação** (Paraná, 1987, p. 1-2, grifo nosso).

Este documento se junta a muitos outros para orientar o FNDEP, por ocasião das disputas em torno da Lei de Diretrizes e Bases da Educação Nacional (LDBEN), indicando algumas das reivindicações que julga importantes para a educação brasileira (Brasil, 1996).

É preciso conquistar uma LDBEN que dê um sentido progressista à ação pedagógica e viabilize a escola pública, gratuita, universal, democrática e de qualidade, garantindo:

---

[20] Documento oficial norteador da política da Seed durante o Governo Álvaro Dias.

1. Escola pública como instância privilegiada na **formação de uma cidadania comprometida coma a transformação social;**

2. **Gestão Democrática na escola e no sistema;**

3. Escola unitária, com organização didático-pedagógica tendo o trabalho como princípio educativo;

4. Investimento dos recursos públicos na educação pública;

5. Padrão universal de qualidade da escola pública;

6. Valorização dos profissionais da educação: excelência na formação dos educadores e piso salarial nacionalmente unificado (Paraná, 1989, p. 154-155, grifo nosso).

O teor das reivindicações evidencia a tendência de atribuir à educação e à escola papel fundamental no processo de transformação social, contribuindo, deste modo, para a constituição do consenso em torno da centralidade da educação básica. Além disso, o documento como que condiciona o sucesso dessa Gestão Democrática.

No Paraná, a partir de 1990, entre os documentos mais conhecidos e discutidos na área educacional está o Currículo Básico para a Escola Pública do Paraná. Nele aparece como uma das preocupações centrais a democratização da educação. Isso sinaliza a tentativa de incorporar os ideais vinculados aos setores progressistas pós-ditadura, de modo a transformar a educação herdada daquele período (Benevides, 2002). Deste documento, podem-se destacar algumas das pretensões progressistas de então. Nota-se que a preocupação com a universalização e qualidade (sem evasão, sem repetência) também aparecem.

O currículo básico para a Escola Pública do Paraná expressa o grau de consciência político-pedagógica atingida pelos educadores paranaenses. As preocupações com a **democratização da educação, tanto no que se refere ao atendimento a todas as crianças em idade escolar, quanto à produção de um ensino de boa qualidade,** explicitam-se nesta sistematização (Paraná, 1990, p. 14, grifo nosso).

As mesmas características marcam os compromissos assumidos pelo Projeto Pedagógico da Seed PR (1987-1990):

> As ações educacionais, [que] se concentrarão na democrati-
> zação da escola em todas as dimensões de seu funcionamento
> e na melhoria de seu nível de competência visando oferecer
> ao cidadão um ensino de boa qualidade (Paraná, 1987, p. VII).

Quanto ao papel a ser cumprido pela escola democrática, este documento esclarece que "[...] a postura de uma escola democrática visa à preparação do educando para a democracia, elevando sua capacidade de compreensão, a fim de entender a realidade vivida e poder interferir nas ações da sociedade, transformando-a" (Paraná, 1987, p. VII).

A escola prepara para a democracia, onde e quando ela existir, obviamente. A questão que o documento suscita é: numa sociedade (o todo) não democrática, pode a escola (a parte) ser democrática? A mesma questão pode e deve ser feita baseada à sequência do referido documento.

> Numa **sociedade democrática**, a escola é um instrumento
> valioso, na medida em que possibilita o acesso ao conheci-
> mento elaborado, proporcionando uma mediação entre o
> 'saber' e o 'fazer'. Essa mediação é realizada pelo conjunto
> de atividades que têm a finalidade de criar as condições
> necessárias para a construção desse conhecimento (Paraná,
> 1987, p. 5, grifo nosso).

Essa escola, para ser democrática, precisa se reconstituir

> Segundo novos pressupostos teóricos, num projeto coletivo
> que **requer a ação coordenada e a participação de todos**
> nela envolvidos.

> A superação dos entraves à democratização do ensino sofre a
> influência de determinantes sociais e econômicos, entretanto
> os aspectos internos do funcionamento da escola – currículo,
> avaliação, relação professor-aluno – **também** podem influir
> negativamente no processo de escolarização, contribuindo
> para que se mantenha a evasão e repetência. Daí a importância
> da análise desses fatores (Paraná, 1987, p. 5-6, grifo nosso).

O documento traz uma análise dos dados sobre a avaliação escolar e a repetência no Estado, concluindo que "Esta tendência de exclusão tende ao agravamento progressivo, demonstrando a seletividade como característica do sistema **tido como democrático**" (Paraná, 1987, p. 8, grifo nosso).

Reconhece-se a existência de um sistema não democrático seletivo, apesar de atribuir à escola a tarefa de preparar para a democracia, inexistente, no entanto. A Constituição do Estado do Paraná (1989), quando reformada, em decorrência do ajuste com a Lei Maior (Brasil, 1988), assim como ela, confirma a presença de alguns princípios defendidos pelo FNDEP. Entretanto, no estado, como se pode observar a seguir, a colegialidade e a eleição direta para diretores, na forma da lei, se destacam.

> Art. 178 O Ensino será ministrado com base nos seguintes princípios:
>
> [...] VII – Gestão Democrática e colegiada das instituições de ensino, mantidas pelo Poder Público estadual, adotando-se sistema eletivo, direto e secreto, na escolha dos dirigentes, na forma da Lei (Paraná, 1989, p. 96).

De fato, os legisladores atentos ao movimento mais amplo se calçaram dando ares de inovação e mudança, ao que viria a se consolidar na prática como mecanismos de desconcentração, atomização e endogenia, via democracia representativa: conselhos escolares e diretores eleitos. O Projeto Pedagógico da Seed PR (1987-1990) traz as metas do governo do estado para os anos subsequentes (Paraná, 1987). Aparecem alguns aspectos relacionados à gestão escolar resultantes do contexto de redemocratização aludido anteriormente. O que se tem é o alicerce que permitirá aos governos estaduais seguintes implementarem sem riscos as políticas sugeridas pelos organismos internacionais.

No que toca às escolas propriamente ditas, o projeto educacional paranaense persegue dois objetivos claros e definidos:

> [...] dar às escolas a maior autonomia possível em relação à gestão de seu cotidiano, concentrando recursos na própria escola para que a administração do dia-a-dia seja desburocratizada e simplificada; e
>
> aproximar a escola de sua comunidade para garantir-lhe uma verdadeira inserção no tecido social e assegurar que a escola responda de maneira efetiva àquilo que a comunidade espera (Paraná, 1987, p. VI).

Entre os projetos prioritários apontados pelo documento reforça-se a transferência de recursos e do poder de decisão para a própria escola e à comunidade (suprimento de recursos descentralizados, mutirão de reparos escolares, por exemplo) e o desenvolvimento de mecanismos comunitários de gestão e orientação da rede escolar (os colegiados de escola, os conselhos municipais e comunitários de educação). Em decorrência das propostas inspiradas nos movimentos progressistas e determinações oficiais do período, foi possível à Seed (Paraná, 2002) fornecer os conceitos da autonomia escolar ideal.

Na escola, tem três aspectos: a autonomia administrativa, a pedagógica e a financeira.

A discussão sobre o quanto de autonomia a escola, o diretor ou o professor deve ter para a realização de sua tarefa deveria sempre partir dos seguintes pontos:

- Quem quer autonomia precisa conhecer as 'regras do jogo'.[21] Há coisas que não podem ser feitas, por motivos legais (jurídicos), por resoluções normativas.

- Quem quer autonomia precisa ter senso ético, pois há coisas que não devem ser feitas – e outras que precisam ser feitas – embora não estejam escritas nem nas leis, nem nas normas da organização. [...]

Nem toda burocracia é burra, nem toda limitação de autonomia é castradora. Mas de um modo geral, quanto mais autonomia as pessoas têm para fazer as coisas do seu jeito, mais elas encontram motivação para fazer o seu trabalho. Um bom diretor sabe fazer uso do máximo de autonomia de que dispõe, e permite, de forma responsável, o máximo de autonomia a seus colaboradores. O importante é que bons resultados sejam alcançados, sem ferir a ética e sem incorrer em problemas legais. Fora isso, é a liberdade! (Paraná, 2002, p. 18).

As incoerências internas do texto são várias. De fato, a Seed permite ao leitor concluir que não existe autonomia nas escolas uma vez que as leis devem ser respeitadas, o movimento livre da escola estará necessariamente vinculado à obtenção de recursos adicionais fora da Lei ou para além dela, por meio das APMs ou outras formas. Souza (2001, p. 203) ao tratar da questão da participação e da cidadania, afirma que,

A participação do cidadão na sociedade e o exercício de sua cidadania são, sem dúvida, o fundamento da democracia e constituem o alargamento de sua base social. Tal participação compreende as dimensões política, social, econômica e cultural. A participação do cidadão e o exercício de sua cidadania no campo educacional, e mais especificamente

---

[21] Ver a respeito nota de rodapé n.º 10, no Capítulo 1, p. 19.

> na gestão da escola, estão ligados a um processo mais amplo de extensão da cidadania social à cidadania educacional. Assim, o pressuposto democrático da escola está ligado à sua função social.

Algumas questões merecem destaque no que respeita às afirmações da autora. Em primeiro lugar a fragmentação representada pelas cidadanias política, social, econômica, cultural e educacional indicam uma postura diversa da metodologia materialista dialética e à consideração da categoria totalidade, conforme já apontado no primeiro capítulo. Uma das maneiras como a ideologia dominante trata a inclusão das pessoas à sociedade é justamente incluindo partes. As reivindicações passam a ser pautadas por exigências do tipo fragmentado e parcial. Luta-se por concessões X ou Y, mas nunca por um modelo social em que X e Y sejam prioridades ou façam parte de planejamentos a médio e longo prazos. Nestas circunstâncias inexistem vinculação de profundidade com os aspectos históricos, filosóficos, sociológicos e econômicos mais amplos.

Em segundo lugar, a ambiguidade semântica existente na área educacional se acentua com definições como as trazidas pela autora. Como exemplo, pode-se tomar o conceito de cidadania. Cabe a questão se afinal a cidadania é produto acabado de determinadas condições sociais ou é característica subjetiva que leva as pessoas a buscarem os direitos políticos, econômicos, sociais e culturais. Se for produto, pressupõe-se que o cidadão já possui realizadas todas, ou grande parte, das condições objetivas para uma "vida plena" e, portanto, possuem *status* de cidadãos. Como o Brasil está longe de satisfazer estas condições, resta a outra alternativa. É característica subjetiva, construída em meio às contradições da sociedade capitalista, já apontadas: opta-se pela defesa da atual lógica ou por sua alteração; deste modo, pode-se levar os diferentes cidadãos a lutarem por diferentes opções políticas e econômicas. Não há um caminho plano e sem obstáculos rumo à cidadania ou à democracia. Há sim, um combate entre classes, no qual os trabalhadores devem se empenhar para impor sua cidadania e sua democracia classista, construindo o seu Estado. No entanto, é ampla a vantagem material e simbólica dos "donos do poder" e aderir à ideia de movimento retilíneo e uniforme dos movimentos progressistas da sociedade civil rumo ao socialismo, pode parecer o caminho adequado, mas é demonstração de demasiada ingenuidade.

Em terceiro lugar, o fato de a autora reiterar que a democratização maior ou menor da escola está atrelada à sua função social é importante na medida em que recoloca a questão sobre ser ou não necessária a determinação política mais ampla — ou seja, centralizada — dos objetivos das diversas instâncias e instituições sociais — entre elas a escola —, de modo a serem norteadas nas suas metodologias e práticas educativas a partir de projetos classistas. Se se assume essa postura, ocorrerá o aprofundamento da crítica à apologia da autonomia escolar plena, da valorização exacerbada da participação da comunidade[22] local nos destinos da escola e da reivindicação por mais recursos financeiros como panaceia para a Gestão Democrática.

No Paraná, a tendência à fragmentação e endogenia que vimos apontando é patente. Souza (2001) enfatiza que **cada** escola precisa construir **sua gestão** democrática. A autora percebe e critica tal fenômeno quando analisa os conteúdos sobre gestão escolar, veiculados por alguns informativos produzidos pela Seed e pela revista *Gestão em Rede*[23]. Concorda-se com a consideração da autora, segundo a qual estes informativos, disseminadores das políticas da Seed PR,

> [...] tratam a educação como uma questão de ordem social, mas que deve ser tratada caso por caso, escola por escola problema por problema, caracterizando um movimento de tentativa de desarticular movimentos sociais mais amplos da sociedade na luta pela solução de problemas estruturais (Paraná, 2002, p. 150).

A divergência com a autora se estabelece quando explicitado o modo como, acredita-se, serão solucionados estes problemas estruturais.

Sobre o modelo de Gestão Compartilhada da Seed, Souza (2001, p. 194) chama atenção para o fato de que uma de suas características "é a apropriação do conceito de democracia para, na verdade, efetivar um processo de transferência para a comunidade da responsabilidade para com a educação básica". De fato, não há "apropriação" do conceito de democracia pela Gestão Compartilhada, como se ambos fossem muito diferentes. A democracia como a Gestão Democrática e a Gestão Compartilhada pertencem objetivamente ao Estado burguês e nós, os progressistas, nos lembramos disso raramente. O que ocorre com a Gestão Democrática não é sua

---

[22] Ao analisar o período de transição do Regime Militar à Nova República, Cunha (1991, p. 378) vai se referir ao "comunitarismo educacional" no período.

[23] Veículo de comunicação do Projeto da Rede Nacional de Referência em Gestão Educacional (Renageste) do Conselho Nacional de Secretários de Educação (Consed).

aproximação indébita pela Gestão Compartilhada, mas sim a confirmação de que se trata do mesmo modelo, uma vez que a democracia classista dos trabalhadores está por ser construída.

Souza (2001), no trabalho citado aqui, analisa a gestão escolar em duas escolas a partir dos dados coletados com representantes dos diferentes segmentos intraescolares. A escola cujo modelo de gestão se aproxima da proposta da Seed é denominada pela autora como escola de referência e a unidade escolar cujas práticas vão de encontro com aquelas propostas é tida como uma escola de resistência. Em relação a esta última,

> [Suas ações] apontam para a construção de um projeto contra hegemônico ao neoliberalismo, apresentado a partir da natureza da participação da comunidade na gestão escolar, que se dá de forma predominantemente oposta às orientações presentes na proposta de gestão compartilhada do Paraná (Souza, 2001, p. 197).

Apresenta-se aqui uma escola que aponta para a construção de um projeto contra hegemônico ao neoliberalismo, pelo fato de que a natureza da participação da comunidade na gestão escolar se opõe às orientações de Gestão Compartilhada do estado do Paraná. Deste modo, a autora ingressa no grupo daqueles que consideram que **cada** escola deve construir a **sua** Gestão Democrática, pois acredita ser deste modo, cada escola tornando--se democrática, que se terá uma rede de ensino democrática e um Estado democrático. A perspectiva também contida nas propostas de Qualidade Total aplicada à educação, para Souza (2001), demonstra sua crença num modelo de gestão escolar que, uma vez adotado pelas unidades escolares, será significativo para a transformação global da sociedade capitalista rumo ao socialismo, filiando-se ao modelo de transição defendido por Coutinho (2002) discutido no primeiro capítulo.

> Se o objetivo é a transformação da realidade, através da eliminação das desigualdades sociais e da busca do alcance de uma nova sociedade, a transição ao socialismo resulta da luta política de classes e implica a construção de um novo tipo de Estado.
>
> Na articulação entre Estado e revolução, devido ao fortalecimento da democracia de tipo ocidental, não é mais possível

pensar na transição ao socialismo pela via explosiva e sim pela via processual [...] (Coutinho, 2002, p. 21).[24]

No que diz respeito à gestão escolar compartilhada, modelo adotado no Paraná, Souza (2001) e Viriato *et al.* (2001) coincidem nas análises e críticas. Em coletânea de textos organizada por Nogueira (2001a), em que as políticas de educação e saúde no estado do Paraná são analisadas, Viriato *et al.* (2001) vão defender a necessidade de se tomar cuidado com a conceitualização das categorias descentralização, autonomia e participação, que são fundamentais para se concretizar uma gestão democrática, argumentando que nas propostas de gestão educacional oriundas do governo paranaense na década de 1990, aquelas categorias "[...] podem encobrir os propósitos da ofensiva neoliberal de diminuição do papel do Estado como mantenedor das políticas sociais" (Nogueira, 2001a, p. 176). Assim,

> [...] a relação entre descentralização, participação e autonomia pode ser empregada de forma ambígua, podendo ser utilizada tanto por aqueles que defendem políticas atreladas ao neoliberalismo, quanto por aqueles que defendem políticas que garantam os interesses da maioria da população.
>
> A ambiguidade destes termos tem contribuído para criar um consenso em torno de uma "gestão democrática" reduzida à "gestão compartilhada" que possibilite a privatização do Ensino, pois em nome da descentralização, da participação e da autonomia, o Estado vem se desobrigando de seu papel de mantenedor das escolas públicas (Nogueira, 2001a, p. 179).

Do mesmo modo, ao definir Gestão Democrática, os autores explicitam que

> Quando pensamos em gestão democrática, consideramo--la, enquanto um elemento da organicidade de um sistema descentralizado, no qual, a instituição tenha autonomia de decisão financeira, pedagógica e administrativa e conte com a participação de seus membros para tomar decisões coletivas (Nogueira, 2001a, p. 176).

---

[24] Analisando a sociedade brasileira pós-Ditadura Militar, Coutinho (2002, p. 21) vai utilizar a distinção gramsciana entre sociedades orientais e sociedades ocidentais. No primeiro modelo "o Estado é tudo e a sociedade civil é primitiva e gelatinosa". Já no segundo "existiria uma relação justa, equilibrada entre Estado e sociedade civil. [...] No ocidente, também temos um Estado forte, só que a ele se contrapõe uma sociedade civil igualmente organizada, articulada e forte" (Coutinho, 2002, p. 21-22). Para o autor, "o Brasil emerge da ditadura como uma sociedade de tipo 'ocidental', onde há uma sociedade civil bem mais forte e articulada daquela que havia antes da ditadura" (Coutinho, 2002, p. 23).

Para Gonçalves (1994), citada por Souza (2001, p. 97),

> Por gestão democrática entende-se o estabelecimento de relações de horizontalidade, de igualdade, em função da socialização do poder de decisão, supondo na direção da escola órgãos máximos colegiados compostos dos vários segmentos organizados da comunidade escolar: professores, funcionários e alunos, pais e representantes de organizações da sociedade civil ligadas à escola pública.

Alguns autores como Souza (2001) e Hidalgo (2001), ao discutirem o modelo de gestão escolar que passou a vigorar no Paraná e que é tratado em alguns documentos da Seed como sendo democrático, concluem que se trata de fato do modelo de Gestão Compartilhada ou participativa. Chegam a esta conclusão em decorrência de que, no modelo de gestão proposto pelo estado, "todos os problemas são enquadrados como sendo de ordem gerencial, como se as questões de natureza política, social ou econômica não existissem ou estivessem subsumidas dentro da ordem gerencial" (Souza, 2001, p. 145), característica que não se aplica à Gestão Democrática.

Ao analisar o Projeto Qualidade do Ensino Básico do Paraná (PQE) e o Programa Expansão, Melhoria e Inovação no Ensino Médio do Paraná (Proem)[25], ambos convênios assinados pela Seed, Hidalgo (2001) constatou, no tocante à Gestão da Escola, que a proposta apresentada pela Seed visa o desenvolvimento da autonomia institucional como elemento central para a construção de um sistema de ensino de qualidade, ou seja, de uma escola que proporcione ensino fundamental regular ou supletivo a toda população e na qual não exista evasão e/ou repetência. Esta proposta se viabilizaria por meio da chamada Gestão Compartilhada, conforme definido no Plano de Ação II da Seed (1995, p. 1 *apud* Nogueira; Figueiredo; Deitos, 2001, p. 143, grifo nosso):

> A gestão **compartilhada**, como condição pra a promoção da excelência na educação, está centrada no trabalho de pessoas organizadas coletivamente em torno de objetivos comuns. Incentivar e apoiar a escola para que realize sua tarefa educacional na comunidade é a proposta da SEED-PR, que convoca todas as instâncias do sistema para que assumam sua corresponsabilidade num processo de aperfeiçoamento contínuo de suas ações. A construção conjunta da realidade

---

[25] Os projetos começam a ser implantados a partir de 1995, em que pese suas aprovações pelas agências financeiras terem ocorrido posteriormente.

> social e do saber pressupõe uma ação coordenada no Estado. A educação do Paraná contribuirá para a construção de uma **sociedade democrática**, econômica, política e culturalmente **participativa**, onde o **cidadão** tenha condições de pleno desenvolvimento individual, comunitário e social mediante processos essenciais e permanentes de educação em todas as modalidades possíveis: já propostas **ou a serem criadas.**

A citação anterior permite visualizar o quão pretensioso é o projeto educacional do Paraná, que vislumbra a associação, num único parágrafo, do indissociável: capital-trabalho, socialismo-capitalismo, social-individual. Se se considerar o caráter profético das pretensões da educação paranaense, o texto se torna risível.

No discurso educacional paranaense, as adjetivações "democrática", "participativa" e "compartilhada" atribuídas à gestão escolar e do sistema vão estar presentes indistintamente[26]. Para a Seed (Paraná, 2002) no entanto, aqueles conceitos se equivalem. Do mesmo modo, entre os entrevistados da Pesquisa de Campo, não se percebe qualquer diferença no entendimento que possuem em relação a cada um daqueles modelos de gestão. Ao relacionar a gestão escolar com a efetivação da educação de qualidade, a secretaria reitera a importância da Gestão Democrática e a conceitua.

> Gestão participativa, ou **compartilhada**, é a gestão na qual os funcionários e mesmo os usuários de uma organização participam do processo decisório, partilhando responsabilidades e méritos. Pode ser empregada com o mesmo sentido de gestão democrática, termo que expressa igualmente uma condição de participação e distribuição equitativa de poder, **de responsabilidades e de benefícios.** [...] significa o envolvimento [...] nos processos de:
>
> • Estabelecimento dos objetivos da escola;
>
> • Diagnóstico e solução de problemas;
>
> • Tomada de decisões sobre investimentos a serem realizados;
>
> • Estabelecimento e manutenção de padrões de desempenho.

---

[26] Segundo Hidalgo (2001), "[...] a gestão, que no PQE era caracterizada como Gestão Democrática, no Proem ganha novos adjetivos: de compartilhada e democrática e nas ações previstas no componente que analisamos, de eficaz e democrática". Segundo um assessor interno entrevistado pela autora "democrática é o princípio, compartilhada é o processo".

> A gestão participativa, compartilhada ou democrática, é uma ESTRATÉGIA para envolver a comunidade escolar na vida do estabelecimento de ensino, pois esse envolvimento contribui de forma significativa para o atingimento de melhores resultados na educação (Paraná, 2002, p. 48).

Recorrendo a Luck (2000 *apud* Paraná, 2002, p. 48), os motivos arrolados para justificar a opção pela Gestão Democrática são os seguintes:

- Para melhorar a qualidade pedagógica do processo educacional das escolas.

- Para garantir ao currículo escolar maior sentido de realidade e atualidade.

- Para aumentar o profissionalismo dos professores.

- Para combater o isolamento físico, administrativo e profissional dos diretores e professores.

- Para motivar o apoio comunitário às escolas.

- Para desenvolver objetivos comuns na comunidade escolar.

Um dado peculiar às políticas de gestão do Paraná é a grande difusão e aceitação das ideias apresentadas por Luck *et al.* (1998) e Luck (2000), segundo as quais a gestão bem sucedida é aquela cujas ações são pautadas pela busca da conciliação entre partes conflituosas ou pela resolução de conflitos protagonizada pelos líderes das unidades escolares (diretores, notadamente), convocando-se os vários segmentos intra e extraescolares para a construção da sinergia em torno de pontos consensuais. Diferentemente desta postura, Apple (1995, p. 186) afirma que o objetivo das tentativas democráticas para reforçar os direitos das pessoas em relação às políticas e práticas da escolarização é ampliar a política, revivificar a prática democrática a partir da criação de formas para aumentar as discussões públicas, o debate e a negociação.

Embora reconheçam-se grandes diferenças entre a postura "gestão paz e amor" de Luck *et al.* (1998) e a vertente conflituosa de Apple (1995) e Spósito (1999)[27], essa autora recai nos mesmos problemas já apontados, decorrentes da fé na endogenia e na atomização das práticas de gestão.

---

[27] Ver a exposição das ideias da autora no segundo capítulo (Spósito, 1999, p. 76).

Compreendendo melhor a política educacional do Paraná e uma vez estabelecido o consenso em torno da centralidade da educação básica no plano internacional e consolidando-se esta centralidade no Brasil com apoio dos vários segmentos sociais progressista a partir do final do Regime Militar, a sociedade brasileira deveria pagar parte de sua dívida social universalizando a educação básica e erradicando o analfabetismo, o estado do Paraná vai desencadear várias ações para operacionalizar aquela universalização com qualidade.

Dentre essas ações, destacam-se o Ciclo Básico de Alfabetização (CBA) e o Programa de Correção de Fluxo.[28] Este buscava a adequação da defasagem idade-série existente na Rede e em documento da Seed (Paraná, 1997) cujo tema é o Programa, logo de início, as pretensões do governo são destacadas e as correlações a que vimos nos referindo são visíveis. Neste documento também se explicita a definição da função social da escola pública do Paraná.

> A escola pública vem revendo seu papel e sua função social, assumindo a consciência de sua importância para grande parte da sociedade que tem nela o único meio de acesso ao conhecimento. Nesse sentido, busca ensinar e garantir a aprendizagem de habilidades e conteúdos básicos para a vida em sociedade que, hoje, exige do cidadão uma série de competências que pressupõem uma educação escolar, formal, completa e eficaz.

> Vários fatores concorrem para que uma significativa parcela da população fique à margem da educação ou interrompa precocemente seus estudos sem ter adquirido os referidos conhecimentos e habilidades, imprescindíveis para o exercício da cidadania incluindo a possibilidade de sucesso na continuidade de seus estudos em outros níveis de escolaridade.

> Dentre os fatores que contribuem para exclusão no sistema educacional está a defasagem no fluxo idade/série, que concorre para que o aluno, mal sucedido na escola, opte pela evasão.

> No Paraná, os dados estatísticos são inquietantes.

---

[28] Segundo dados da Seed, em 1995, do total de alunos matriculados na zona urbana e rural, estavam fora da faixa etária em média 36,7%. A secretaria faz questão de apontar também que caso o projeto atinja a totalidade destes alunos, a economia para os cofres do Estado seria de R$ 210.722.516,00.

> Empenhada no esforço de universalização da educação básica, com qualidade, para 100% da população, a SEED/DEPG decidiu implantar no Estado o Projeto de Correção de Fluxo (Paraná, 1997, p. 2).

O Boletim Educação n.º 9, de março de 1997, traz várias referências ao Projeto de Correção de Fluxo. Considera-o como início da correção de "um dos problemas mais sérios da Educação Brasileira", pois "a repercussão do projeto na vida dos alunos [...] garantindo sua escolaridade, vai se traduzir em um benefício social inestimável". Por isso,

> [...] é fundamental o envolvimento da família no acompanhamento do trabalho a ser desenvolvido com seus filhos, para compartilhar esforços e sucessos. A importância do papel que os pais podem desempenhar na vida escolar de seus filhos ainda é pouco considerada pela escola. Ao mesmo tempo, muitos pais ainda não se conscientizaram desse papel. No Projeto Correção de Fluxo, as famílias devem ser incentivadas a participar e firmar uma nova relação com a escola (Paraná, 1997, p. 2).

Este Programa, assim como o CBA, corresponde, portanto, ao *modus operandi* da centralidade da educação básica no Paraná, em direção à universalização do ensino fundamental. A partir de agora, pretende-se descrever e melhor entender como as unidades escolares vão se organizar no cotidiano, de modo a concretizar os mecanismos de Gestão Democrática. Ações do tipo voluntarista (doações de materiais, prestação de serviços gerais e/ou educacionais); a arrecadação de fundos para serem aplicados em melhoria física e/ou em contratação de serviços de terceiros (educacionais ou não); essas características vão desencadear o reforço da perspectiva endógena, fragmentada, atomizada, tornando a Gestão Democrática a criadora e disseminadora da despolitização dos vários segmentos, intra e extraescolares, que se afastam das lutas sociais de cunho universalizante, para se dedicarem ao imediatismo pragmático.

Dentre os resultados alcançados pela Gestão Democrática nas unidades escolares, os que merecem maior estímulo e atenção por parte da Seed são os relacionados à questão financeira. Tanto no que diz respeito à arrecadação em espécie quanto as que se referem a doações de materiais de consumo e expediente, oriundas de pessoas físicas e/ou jurídicas. Neste caso, a operacionalização das ações voltadas à universalização do ensino fundamental ganham fôlego essencial.[29] Por outro lado, quando as unidades escolares ampliam as suas fontes de arrecadação desoneram o Estado de sua responsabilidade permitindo-lhe aplicar estas economias em medidas que ampliem a possibilidade da acumulação capitalista. Assim, os novos doadores se sentem no direito e no dever de interferir nas unidades escolares, de modo a se voltarem para o local no qual investem, no mínimo exigindo prestação de contas das contribuições. O periódico *Jornal Direção*, segundo a Seed (Paraná, 1997, 1998), é farto na difusão de práticas da Gestão Democrática enquanto promotora de práticas de arrecadação e/ou parcerias com retorno de recursos físicos para a escola, como veremos a seguir.

> [...] conquistas alcançadas pelas escolas a partir da parceria e do repasse de recursos direto para as APMs: aquisição de equipamentos, reformas e ampliações, reforço da atuação das cantinas, compra de livros e materiais didático-pedagógicos (sem depender de verbas oficiais) melhorando a qualidade do ensino, investimento na segurança da escola, aulas de reforço pagas pelas APMs e organização das associações. (Referência do Jornal à matéria veiculada na Revista Nova Escola, que visitou três escolas em Curitiba)

> [...] entre as novas aquisições da escola do ano passado para cá estão um microcomputador, um freezer e uma fotocopiadora. Foram feitas melhorias como a troca de fechaduras e o conserto de calhas. (trecho de matéria)

> "Quando precisamos de recursos conversamos com os alunos – nossos interlocutores junto aos pais – e com os comerciantes da cidade" (fala da diretora)

> NOVAS METAS

> No momento, a escola está em campanha para conseguir verbas para a compra de um aparelho de limpeza a vapor e para pintar o prédio. [...] Um trabalho de captação de recursos está sendo feito para a compra de 10 máquinas de escrever. (Paraná, 1997, 1998, s/p).

Na mesma direção, caminham as parcerias com as pessoas jurídicas. Estas utilizam-se de relações comerciais com as unidades escolares para

---

[29] Conforme os dados da Pesquisa de Campo, do total de recursos utilizados pela escola com manutenção e custeio (executando-se os encargos trabalhistas), de 65 a 70% são oriundos de arrecadações junto à comunidade.

ampliar suas margens de lucro imediatamente — negociando a exclusividade do espaço físico da escola para alguma atividade comercial: venda de produtos, por exemplo — ou mediatamente — divulgando com exclusividade seus produtos e serviços nas unidades escolares, visando retorno posterior; contratando estagiários para serviços gerais a baixo custo; apresentando a imagem (marketing) positiva, doando ou sendo parceiro em causas sociais junto à escola e comunidade).

> *[...] a parceria com a escola melhora a imagem da Empresa. (de um empresário sobre as relações com uma escola estadual).*

> *[...] a empresa entra com o know-how e a escola, com a boa vontade, sem nenhum gasto financeiro* (diretora da mesma escola).

A Gestão Democrática tem contribuído também com a desoneração do Estado em outras atividades originalmente de sua responsabilidade. Além de os voluntários pedagógicos extraescolares virem auxiliar as unidades escolares em disciplinas acadêmicas, reforço escolar etc., a comunidade intraescolar acaba muitas vezes participando de atividades fora da escola, educacionais inclusive.

> Vamos começar por Marechal Cândido Rondon, mas isso [iniciativa em Educação de Jovens e Adultos realizada por professores da escola fora do horário de trabalho] pode acontecer em qualquer parte, só depende da vontade dos diretores (Fala de uma professora). (Paraná, 1990)

> Nas atividades comunitárias, os estudantes da escola participam sempre como voluntários em campanhas de vacinação, para as quais são preparados, além de campanhas de solidariedade, como as do agasalho e da fraternidade (Paraná, 1990, s/p).

As terminologias recorrentes na fala dos segmentos intra e extraescolares entrevistados e/ou cujas manifestações aparecem nos órgãos de divulgação da SEED são ilustrativos de como o discurso da "[...]cooperação, harmonia, sinergia, bem comum, ajuda, solidariedade, união, etc." se tornou hegemônico, apontando para a internalização de posturas e categorias que estimulam ações visando a transformação da realidade pela ação individualizada ou de pequenos grupos. "[...] Cooperação e responsabilidade são as palavras-chave que estão melhorando a qualidade de ensino." (Paraná, 1997, 1998).

Os dados coletados de entrevistas com representantes dos segmentos escolares, da equipe pedagógica e usuários, realizadas em duas escolas da rede estadual de ensino localizadas em Londrina, permitiu a constatação de que não há por parte dos entrevistados clareza entre possíveis diferenças entre Gestão Democrática e Gestão Compartilhada. Souza (2001) e Hidalgo (2001) explicitam definições de Gestão Democrática e pode-se perceber que são duas as diferenças marcantes entre esta e a Gestão Compartilhada.

A primeira diz que, na Gestão Democrática, o financiamento necessário para o funcionamento da unidade escolar deve ser totalmente oriundo do Estado, enquanto na Gestão Compartilhada a comunidade contribui financeiramente ou prestando serviços, ou fazendo doações de natureza diversa de modo a dividir com o Estado a responsabilidade pelo funcionamento da unidade escolar.

De maior complexidade, a segunda diferença entre ambas trata do modo como se dispõe, no interior da escola, o poder decisório entre os vários segmentos intra e extraescolares. Na Gestão Democrática, todos participam. Na Gestão Democrática, toda a comunidade escolar se reúne regularmente para discutir e deliberar sobre os assuntos pertinentes à unidade.

Um primeiro problema aparece. Aqui não se trata da democracia direta, obviamente. Portanto, se trata da democracia representativa, na qual a comunidade escolar tem direito a escolher pelo voto os seus representantes naquelas instâncias em que pode se fazer representar. Sua participação fica circunscrita, no mais das vezes, a uns poucos vocacionados e aos momentos em que se deposita o voto na urna, ou ainda às ocasiões em que legalmente sua presença se faz necessária (matrícula, reuniões para entrega de documentos de rendimento escolar etc.). Além disso, como se evidenciou na pesquisa de campo, é enorme a dificuldade da maioria dos membros da comunidade em participar regularmente das instâncias representativas, chegando-se ao extremo de casos cuja participação é apenas proforma.

> *Olha se eu for te dizer bem a verdade, eu não participo das reuniões, eu só faço parte, mas não participo das reuniões [...] só tenho meu nome lá. Eu não participo de nada. [...] sabe, quando colocam o nome da gente por colocar? [...]* (representante dos funcionários no Conselho Escolar, Escola M).

Por sua vez, na Gestão Compartilhada, a presença é tão somente formal. Ou seja, as pessoas se apresentam quando convocadas para referendar decisões tomadas a priori pela direção ou pela Seed. No entanto, é estimulada a participação direta em atividades pedagógicas (reforço escolar, passeios temáticos), culturais (festas, bingos, visando arrecadar fundos), ou em trabalhos manuais voluntários (pequenos reparos, obras).

Essas descrições rápidas têm o objetivo de ilustrar minimamente distinções que, segundo as autoras, existem entre a Gestão Compartilhada e a Gestão Democrática.

Sem efetuar estudos na área, obviamente, os entrevistados demonstram pouca ou nenhuma formulação sistemática acerca das categorias fundamentais da gestão, repetindo, no mais das vezes, jargões ou frases de efeito genéricas e com sentido dúbio.

Quanto ao viés financeiro, todas as entrevistas confirmaram que os recursos aditivos oriundos de fonte não estatal eram imprescindíveis e se originam das mais variadas fontes, desde o bingo eventual, passando por festas folclóricas, até a doação espontânea anual e extraordinária, quando é preciso. A questão pertinente ao viés endógeno do tipo de gestão implementada fica evidente na leitura dos dados coletados. A preocupação com a melhoria da qualidade da educação dos próprios filhos canaliza a sinergia para ações inteiramente voltadas para determinada unidade escolar, retirando recursos, material humano adicional da própria comunidade interna, para atingir aquela qualidade.

> [...] a gente faz festa junina. [...] faz promoções [...] tem pizza também, que vai pra construção de um estacionamento. Então se é benéfico pra escola [...] (Professor, Escola M).

> [...] as coisas não são assim. Eu tenho que resolver, eu resolvo, de um jeito ou de outro eu resolvo (Diretor, Escola M).

A escola M se queixa de ter cumprido normatização à época e aprovado o Plano Decenal, e que os recursos solicitados não foram atendidos pela Seed: "[...] o plano decenal foi aprovado. [pedia-se contratação de] Psicóloga, fonoaudióloga e assistente social. E o Governo até hoje não nos deu [...] e isso faz uma falta tremenda dentro da escola" (Pai, Escola M).

O diretor da escola M explicita como a Gestão Democrática auxiliou a unidade escolar a atingir a qualidade do ensino fundamental e médio.

> Temos uma clientela boa, uma comunidade participativa, a evasão nossa é zero, repetência perto de zero, transferência daqui pra outra escola é praticamente zero. A escola criou essa credibilidade, ela tem essa credibilidade com a comunidade. Hoje chegamos com a reprovação perto de zero [...] (Diretor, Escola M).

Na sequência, mais exemplos de ações que confirmam o esforço em direção ao fim da evasão e repetência, objetivos, como já disse, essenciais na escola de qualidade, segundo o consenso que se estabeleceu no Brasil e no Paraná nos últimos anos.

> *Dentro da escola nós [professores] não fazemos a nossa parte também, um ponto negativo dentro da escola. O professor não discute, não transige com a gente ou qualquer outra coisa ... e continua a mesma coisa.*

> *Do pai [os pais] daqueles alunos de 1ª à 4ª [primeiros anos do Ensino Fundamental], na 5ª eles contribuem pra dar reforço, agora mesmo, tem uma professora, hoje ela está aí, tem 5, 10 alunos aí de manhã [...] pra eles igualar aos demais, então os pais [se] conscientizam do seguinte: se aqueles dez fraquinhos não tiver reforço atrapalha o filho dele [...]* (Diretor, Escola M).

Segundo o mesmo diretor, existe muita participação na escola,

> *Temos uma Associação de Pais e Mestres muito participativa. Eles ajudam a gente na parte administrativa. A escola não funciona sem material humano, material [permanente e de consumo] [...]*

> *Então é feito assim, os pais reúnem, a gente faz, vamos fazer um projeto? Faz! É feita a contribuição separada, demorou um tempo, mas nós fizemos um monte de coisinhas que tem aqui na escola [...]. Essas contribuições que eu falei, voluntárias [...] representa mais de 50% [...]* (Diretor, Escola M).

Após o relato de quanto a APM está investindo na escola, um dos pais entrevistados (escola M) vai confirmar a sua satisfação em pagar a contribuição voluntária: *"Eu pago dos meus três filhos com o maior orgulho, com a maior vontade [...]"*.

No entendimento da supervisora escolar (escola M), os pais têm a função de contribuir somente com ações de arrecadação e melhoria nas condições de suporte acadêmico. Para ela, os pais e funcionários *"[...] se colocam bem naquilo que eles devem desempenhar, que é a função deles. Então eles não trabalham, eles não interferem no pedagógico, que pra mim [na] escola o mais importante é o pedagógico"* (Supervisora, Escola "M").

De modo geral, se confirma na pesquisa de campo que a discussão aprofundada sobre a Gestão Democrática não ocorre. Que a participação das pessoas se revela do tipo endógena voltada ao atendimento das demandas imediatas, preocupadas que estão com a manutenção da escola para seus filhos. Se prestam a pagar, a dedicar horas de trabalho gratuito, acreditando que os anos de escolarização ajudarão a resolver seus problemas concretos, impostos pelo tipo de sistema econômico em que vivem e no qual a escola se torna apenas mais um problema.

CONSIDERAÇÕES FINAIS

Após a trajetória percorrida pela pesquisa, algumas constatações podem ser elencadas e relacionadas à confirmação em maior ou menor grau da hipótese geral perseguida.

Deste modo, a discussão em torno da perspectiva reformista radical e da classista como norteadoras das posturas em relação à superação do capitalismo rumo ao socialismo ajuda esclarecer de que democracia se pode falar quando se tratar do contexto liberal/neoliberal, bem como permite esclarecer de que ordem podem ser os limites e perspectivas em se tratando da gestão escolar democrática no contexto atual.

Pode-se dizer, após a pesquisa, que os setores progressistas da sociedade brasileira pós-Ditadura Militar, tentando resgatar o compromisso histórico com as classes populares, no que se refere à universalização da oferta de educação escolar pública, gratuita e de qualidade, são como que incorporados ao grupo composto pelos organismos internacionais multilaterais, pelos governos federais subsequentes, e passando a integrar com estes a luta pela universalização da educação básica. Tal luta pressupunha, como se viu, alterações na forma de gestão e organização das unidades escolares e dos sistemas de ensino estaduais e federal, do que resulta a incorporação à Lei de Diretrizes e Bases da Educação Nacional, n.º 9394/96, do dispositivo legal que prevê a Gestão Democrática como sendo o modelo oficial. Em função disso, assistiram-se a políticas educacionais reforçadoras da descentralização, da participação e da autonomia escolar.

O processo desencadeado tem como interlocutores privilegiados, no Brasil, os governadores recém-eleitos nos estados, após o fim do Regime Militar, os organismos internacionais, intelectuais da área educacional, além de amplos setores sociais progressistas.

O eixo unificador destes interlocutores, agora, no campo educacional, vai atrelar num mesmo discurso a reivindicação histórica por educação pública gratuita e de qualidade e as exigências do mundo mercadológico globalizado. Neste sentido, a gestão educacional e as orientações por maior descentralização, participação e autonomia escolar serão tratadas como tendo papel fundamental na consecução do projeto consensual: universalizar a educação básica.

No Paraná, aquele processo se materializa por meio de políticas como o Ciclo Básico de Alfabetização (CBA) e o Programa de Correção de Fluxo. Graças à pesquisa, é possível evidenciar que a Gestão Democrática permitiu e foi elemento constituidor do consenso em torno da centralidade da educação, contribuindo deste modo para a universalização do ensino fundamental, no estado do Paraná e no Brasil. Assiste-se, pois, à implementação desta proposta política de modo hegemônico e sem objeções significativas, uma vez que sinergicamente todos a tomam como objetivo comum e contribuem com a derrubada das eventuais barreiras objetivas e subjetivas ao seu pleno sucesso.

Evidencia-se, também, que o movimento de endogenia resultante da Gestão Democrática tem se constituído num elemento dificultador de projetos classistas em contraposição ao capitalismo estabelecido, uma vez que dissemina a lógica do capital, ampliando a força da ideologia burguesa, que estende à toda sociedade a sua compreensão de classe no poder sobre qual é o papel destinado aos trabalhadores e aos países periféricos no mundo contemporâneo.

A pesquisa evidenciou a necessidade de os trabalhadores combaterem a lógica anterior na própria pós-graduação stricto sensu, que tendo prazos e financiamentos reduzidos, provoca economia não apenas financeira, mas também economiza nas possibilidades de ampliação da autonomia científica e na produção intelectual nacional.

Enfim, dadas as condições em que foi realizada, acredito que a pesquisa contribui para o descortinamento do processo pelo qual o capitalismo brasileiro, utilizando-se de suas instituições escolares, mantém-se sólido. A pesquisa pode, primordialmente, auxiliar a classe trabalhadora na criação de sua sociedade, democracia e educação escolar. E evidenciou que não se deve esperar da Gestão Democrática e educação escolar atual o que elas não podem oferecer.

REFERÊNCIAS

AFONSO, Almerindo Janela. Reforma do estado e políticas educacionais: entre a crise do estado-nação e a emergência da regulação supranacional. *Educação e Sociedade*, Campinas, ano XXII, n. 75, p. 15-32, ago. 2001. Disponível em: https://www.scielo.br/j/es/a/CGkRcsCcsynSwtSRsj44LBf/?format=pdf&lang=pt. Acesso em: 20 jan. 2024.

ALENCAR, Chico. Cinco enganos e a cidade democrática. *In*: BASTOS, João Baptista (org.). *Gestão Democrática*. Rio de Janeiro: DP&A/SEPE, 1999.

APPLE, Michael Whitman. O que os pós-modernistas esquecem: capital cultural e conhecimento oficial. *In*: GENTILI, Pablo Antonio Amadeo; SILVA, Tomaz Tadeu da (org.). *Neoliberalismo, qualidade total e educação*: visões críticas. 2. ed. Petrópolis, RJ: Vozes, 1995.

APPLE, Michael Whitman; BEANE, James. O argumento por escolas democráticas. *In*: APPLE, Michael Whitman BEANE, James (org.). *Escolas Democráticas*. São Paulo: Cortez, 1997.

BANCO MUNDIAL. *Prioridades y estrategias para la educación*: Examen del Banco Mundial. Washington, D.C., 1996.

BANCO MUNDIAL. *El conocimiento al servicio del desarrollo*. Washington, D.C., 1999.

BANCO MUNDIAL. *Relatório sobre o desenvolvimento mundial 2000/2001*: luta contra a pobreza. Washington, D.C.: Oxford University Press, 2001.

BASTOS, João Baptista. Gestão democrática da educação: as práticas administrativas compartilhadas. *In*: BASTOS, João Baptista (org.). *Gestão Democrática*. Rio de Janeiro: DP&A/Sepe, 1999. p. 7-30.

BENEVIDES, Maria Victoria. A construção da democracia no Brasil pós-ditadura militar. *In.*: FÁVERO, Osmar; SEMERARO, Giovanni (org.). *Democracia e construção do público no pensamento educacional brasileiro*. Petrópolis, RJ: Vozes, 2002.

BOURDIEU, Pierre. *Escritos de Educação*. 2. ed. Petrópolis, RJ: Vozes, 1998.

BRASIL. *Constituição da República Federativa do Brasil*. Brasília, 1988.

BRASIL. Lei n.º 9.394, de 20 de dezembro de 1996. Lei de diretrizes e bases da educação nacional. *Diário Oficial da União*, v. 23, 1996.

BRASIL. Ministério da Educação. *Parâmetros curriculares nacionais*: terceiro e quarto ciclos do Ensino Fundamental. Secretaria de Educação Fundamental, 1998.

BRASIL. Ministério da Educação. Secretaria de Educação Fundamental. *Referenciais para formação de Professores*. Brasília, 1999.

BRASIL. *Parecer Conselho Nacional de Educação – Câmara de Educação Básica 15/98*. Diretrizes Curriculares para o Ensino Médio, jun. 1998.

BRASIL. Ministério da Educação e Cultura. *Educação para Todos:* avaliação da década. Brasília, DF, 2000.

BRASIL. Lei nº 10.172, de 09 de janeiro de 2001. *Aprova o Plano Nacional de Educação* (PNE). *Diário Oficial da União [da] República Federativa do Brasil*, Brasília, DF, 10 jan. 2001.

BRUNO, Lúcia Emilia Nuevo Barreto. Gestão da educação: onde procurar o democrático? *In*: OLIVEIRA, Dalila Andrade; ROSAR, Maria de Fátima Felix. *Política e gestão da educação*. Belo Horizonte: Autêntica, 2002.

CASASSUS, Juan. Problemas de la gestión educativa en América Latina: la tensión entre los paradigmas de tipo A y el tipo B. *Em Aberto*, Brasília, v. 19, n. 75, p. 49-69, jul. 2002. Disponível em: http://emaberto.inep.gov.br/ojs3/index.php/emaberto/article/view/2570/2308. Acesso em: 20 jan. 2023.

CASTRO, Maria Helena Guimarães. O sistema educacional brasileiro: tendências e perspectivas. *In*: VELLOSO, João Paulo dos Reis; ALBUQUERQUE, Roberto Cavalcanti (coord.). *Um modelo de educação para o século XXI*. Rio de Janeiro: José Olympio, 1999.

CHAUÍ, Marilena. Ideologia neoliberal e universidade. *In*: OLIVEIRA, Francisco de; PAOLI, Maria Célia. *Os sentidos da democracia*: políticas do dissenso e hegemonia global. 2. ed. Petrópolis, RJ: Vozes, 2000.

CIAVATTA, Maria. A construção da democracia pós-ditadura militar: políticas e planos educacionais no Brasil. *In*: FÁVERO, Osmar; SEMERARO, Giovanni (org.). *Democracia e construção do público no pensamento educacional brasileiro*. Petrópolis, RJ: Vozes, 2002.

CORAGGIO, José Luis. Propostas do Banco Mundial para a educação: sentido oculto ou problemas de concepção? *In*: DE TOMMASI, Lívia; WARDE, Miriam Jorge; HADDAD, Sérgio (org.). *O Banco mundial e as políticas educacionais*. São Paulo: Cortez, 1996.

COUTINHO, Carlos Nelson. A democracia na batalha das ideias e nas lutas políticas do Brasil de hoje. *In:* FÁVERO, Osmar; SEMERARO, Giovanni (org.). *Democracia e construção do público no pensamento educacional brasileiro.* Petrópolis, RJ: Vozes, 2002.

COUTINHO, Carlos Nelson. *Democracia e socialismo:* questões de princípio & contexto brasileiro. São Paulo: Cortez/Autores Associados, 1992.

COUTINHO, Carlos Nelson. *Dualidade de poderes:* Estado, revolução e democracia na teoria marxista. 2. ed. São Paulo: Brasiliense, 1987.

CUNHA, Luiz Antonio. *Educação, Estado e democracia no Brasil.* São Paulo: Cortez; Niterói, RJ: UFF; Brasília, DF: Flacso do Brasil, 1991.

DIAS, Edmundo Fernandes. A democracia na batalha das ideias e nas lutas políticas do Brasil de hoje. *In:* FÁVERO, Osmar; SEMERARO, Giovanni (org.). *Democracia e construção do público no pensamento educacional brasileiro.* Petrópolis, RJ: Vozes, 2002.

DIAS, Edmundo Fernandes. Reestruturação produtiva: a forma atual da luta de classes. *Revista Outubro,* n. 5. 1998. Disponível em: http://outubrorevista.com.br/wp-content/uploads/2015/02/Revista-Outubro-Edic%CC%A7a%CC%83o-1-03.pdf. Acesso em: 21 jan. 2024.

DIAS, Edmundo Fernandes. *Educação e Cidadania:* classes e racionalidades. [*S. l.: s. n.*], 1991.

DOURADO, Luiz Fernandes; BUENO, Maria Sylvia Simões. O público e o privado em educação. *In:* WITTMANN, Lauro Carlos; GRACINDO, Regina Vinhaes (coord.). *O Estado da arte em política e gestão da educação no Brasil:* 1991 a 1997. Campinas, SP: Autores Associados; Brasília, DF: Anpae, 2001.

FIORI, José Luís. O cosmopolitismo de cócoras. *Revista Educação e Sociedade,* Campinas, ano XXII, n. 77, p. 28-48, dez. 2001.

FISCHMAN, Gustavo. Representando a docência: jogando com o bom, o mau e o ambíguo. *In:* SILVA, Luiz Heron da. *A escola cidadã no contexto da globalização.* Petrópolis, RJ: Vozes, 1998.

FONSECA, Marília. O Banco Mundial e a gestão da educação brasileira. *In:* OLIVEIRA, Dalila Andrade *et al. Gestão Democrática da Educação:* desafios contemporâneos. Petrópolis, RJ: Vozes, 1997.

FRIGOTTO, Gaudêncio. Educação e a construção democrática no Brasil: da ditadura civil-militar à ditadura o capital. *In:* FÁVERO, Osmar; SEMERARO, Giovanni (org.). *Democracia e construção do público no pensamento educacional brasileiro*. Petrópolis, RJ: Vozes, 2002.

FRIGOTTO, Gaudêncio. O enforque da dialética materialista histórica na pesquisa educacional. *In*: FAZENDA, Ivani Catarina Arantes (org.). *Metodologia da pesquisa educacional*. 2. ed. aum. São Paulo: Cortez, 1991.

GENTILI, Pablo. O discurso da qualidade e a qualidade do discurso. *In*: GENTILI, Pablo; SILVA, Tomaz Tadeu da (org.). *Neoliberalismo, qualidade total e educação*: visões críticas. 2. ed. Petrópolis, RJ: Vozes, 1995.

HIDALGO, Ângela Maria. Tendências contemporâneas da privatização do ensino público: o caso do Estado do Paraná. *In*: HIDALGO, Ângela Maria; SILVA, Ileizi Luciana Fiorelli (org.) *Educação e Estado*: as mudanças nos sistemas de ensino do Brasil e do Paraná na década de 90. Londrina: Ed. UEL, 2001.

HORA, Dinair Leal. *Gestão democrática na escola*. 2. ed. Campinas, SP: Papirus, 1997.

KUENZER, Acácia Zeneida. As mudanças no mundo do trabalho e a educação: novos desafios para a gestão. *In*: FERREIRA, Naura Syria Carapeto (org.). *Gestão democrática da educação*: atuais tendências, novos desafios. São Paulo: Cortez, 1998.

LUCAS, Luiz Carlos Gonçalves; LEHER, Roberto. Aonde vai à educação pública brasileira? *Revista Educação e Sociedade*, Campinas, ano XXII, n. 77, p. 255-266, dez. 2001.

LUCK, Heloísa. Perspectivas da gestão escolar e implicações quanto à formação de seus gestores. *Em Aberto*, Brasília, v. 17, n. 72, p. 11-33, fev./jun. 2000. Disponível em: https://rbep.inep.gov.br/ojs3/index.php/emaberto/article/view/2634. Acesso em: 20 jan. 2024.

LUCK, Heloísa. Apresentação. *Em Aberto*, Brasília, v. 17, n. 72, p. 7-10, fev./jun. 2000.

LUCK, Heloísa; FREITAS, Kátia Siqueira de; GIRLING, Robert; KEITH, Sherry. *A escola participativa*: o trabalho do gestor escolar. 2. ed. Rio de Janeiro: DP&A: Consed/Unicef, 1998.

MACHADO, Maria Aglaê de Medeiros. O plano decenal e os compromissos de Jontiem. *In*: BRASIL. Ministério da Educação e Cultura. *Educação para todos*: avaliação da década. Brasília, DF, 2000. p. 39-52.

MARTINS, Ângela Maria. A descentralização como eixo das reformas do ensino: uma discussão da literatura. *Revista Educação e Sociedade*, Campinas, ano XXII, n.

77, p. 28-48, dez. 2001. Disponível em: https://www.scielo.br/j/es/a/8F8y3w5t-3mxv5jVpGXj5SLF/?format=pdf&lang=pt. Acesso em: 20 jan. 2024.

MORAES, João Quartim de. Contra a canonização da democracia. *Revista Crítica Marxista,* Campinas, n. 12, p. 9-40, 2001. Disponível em: https://www.ifch.unicamp.br/criticamarxista/arquivos_biblioteca/artigo71Artigo%201.pdf. Acesso em: 20 jan. 2024.

NOGUEIRA, Francis Mary Guimarães. *Ajuda externa para a educação brasileira*: da USAID ao Banco Mundial. Cascavel: Edunioeste, 1999.

NOGUEIRA, Francis Mary Guimarães (org.). *Estado e políticas sociais no Brasil.* Cascavel: Edunioeste, 2001.

NOGUEIRA, Francis Mary Guimarães, FIGUEIREDO, Ireni Marilene Zago, DEITOS, Antonio Roberto. A implementação de políticas para o ensino fundamental, médio e profissional no Paraná nos anos noventa: o PQE/PROEM e as orientações do BIRD/BID. *In*: NOGUEIRA, Francis Mary Guimarães (org.). *Estado e políticas sociais no Brasil.* Cascavel: Edunioeste, 2001.

NOGUEIRA, Francis Mary Guimarães. As orientações do Banco Mundial e as políticas educacionais atuais: a construção do consenso em torno da centralidade da educação básica. *In*: HIDALGO, Ângela Maria; SILVA, Ileizi Luciana Fiorelli (org.). *Educação e Estado*: as mudanças nos sistemas de ensino do Brasil e do Paraná na década de 90. Londrina: Ed. UEL, 2001a.

NOGUEIRA, Francys Mary Guimarães. Afinal, Universalizamos o Ensino Fundamental. *Gestão Democrática*: Desafios e Compromissos, Maringá, PR, p. 53-63, 10 ago. 2003.

NOGUEIRA, Francys Mary Guimarães; BORGES, Liliam Faria Porto. Programa de Correção de Fluxo Escolar e a Universalização do Ensino Fundamental no Brasil. *In*: A produção em História da Educação na Região Sul do Brasil, 2002, Ponta Grossa e Curitiba - Pr. *ANAIS* da II Jornada do HISTEDBR - 1 CD-ROM, 2002.

NORONHA, Olinda Maria. *Políticas neoliberais, conhecimento e educação.* Campinas, SP: Alínea, 2002.

OLIVEIRA, Dalila Andrade. *Educação Básica*: gestão do trabalho e da pobreza. Petrópolis, RJ: Vozes, 2000.

OLIVEIRA, Francisco de. Queda da ditadura e democratização do Brasil. *In*: FÁVERO, Osmar; SEMERARO, Giovanni (org.). *Democracia e Construção do Público no Pensamento Educacional Brasileiro*. Petrópolis, RJ: Vozes, 2002.

ONU. *Declaração mundial sobre educação para todos e plano de ação para satisfazer as necessidades básicas de aprendizagem*. Nova York: Unicef, 1990.

Organização de Estados Ibero-Americanos para a educação, a ciência e a cultura (OEI). Governabilidade democrática e dos sistemas educacionais. *Cadernos de Pesquisa*, n. 100, p. 121-48, mar. 1997.

PARANÁ. *Constituição do Estado do Paraná*. Curitiba, 1989.

PARANÁ. *Currículo Básico para a Escola Pública do Estado do Paraná*. Secretaria de Estado da Educação. Curitiba: Seed, 1990.

PARANÁ. Secretaria Estadual de Educação. *Dez anos de Educação no Paraná*, Curitiba, PR, 2001a.

PARANÁ. Jornal Direção. Seed, 1997, 1998.

PARANÁ. Secretaria de Estado da Educação. *Projeto de Correção de Fluxo*. Curitiba, 1997a.

PARANÁ. Secretaria de Estado da Educação. *Projeto Pedagógico - 1987-1990*. Curitiba: Seed, 1987.

PARO, Vitor Henrique. *O princípio da gestão escolar democrática no contexto da LDB*. São Paulo: Xamã, 1997.

PARO, Vitor Henrique. Administração escolar e qualidade do ensino: o que os pais ou responsáveis têm a ver com isso? *In*: BASTOS, João Baptista (org.). *Gestão Democrática*. 2. ed. Rio de Janeiro: DP&A: Sepe, 2001. p. 57-72.

PAZETO, Antônio Elízio; WITTMANN, Lauro Carlos. Gestão da escola. *In*: WITTMANN, Lauro Carlos; GRACINDO, Regina Vinhaes (coord.). *O Estado da arte em política e gestão da educação no Brasil*: 1991 a 1997. Campinas, SP: Autores Associados; Brasília, DF: Anpae, 2001.

PEREIRA, Luzéte A. O padrão doméstico da educação e da democracia americana e o caso brasileiro. *Revista Educação e Sociedade*, Campinas, ano XI, n. 37, p. 48-71, dez. 1990.

RAMONET, Ignácio. O pensamento único. *In*: MALAGUTI, Manoel Luiz; CAR-CANHOLO, Marcelo D.; CARCANHOLO, Ricardo. A. (org.). *A quem pertence o amanhã:* ensaios sobre o neoliberalismo. São Paulo: Loyola, 1997.

RAMOS, Cesar Augusto. Propriedade e autoridade. *Revista Educação e Sociedade*, Campinas, ano I, n. 1, p. 96-109, set. 1978.

REVISTA Educação e Sociedade. Editorial: A VI CBE no contexto atual da educação. Campinas, ano XII, n. 38, p. 5-8, abr. 1991.

RIBEIRO, Maria Luisa Santos. *Educação Escolar*: que prática é essa? Campinas, SP: Autores Associados, 2001.

RIZZOTTO, Maria Lúcia Frizon. *Pressupostos teóricos*. 2000. Mimeografado.

ROSAR, Maria de Fátima Felix. A dialética entre a concepção e a prática da gestão democrática no âmbito da educação básica no Brasil. *Revista Educação e Sociedade*, Campinas, ano XX, n. 69, p. 165-176, dez. 1999.

SAVIANI, Dermeval. *A nova lei da educação*: trajetória, limites e perspectivas. Campinas, SP: Autores Associados, 1997. (Coleção Educação Contemporânea).

SHIROMA, Eneida Oto; MORAES, Maria Célia M. de Moraes; EVANGELISTA, Olinda. *Política Educacional*. Rio de Janeiro: DP&A, 2000. (Coleção O que você precisa saber sobre...).

SILVA, Ileizi Luciana Fiorelli. *Reforma ou contrarreforma no sistema de ensino do Estado do Paraná?* Uma análise da meta da igualdade social nas políticas educacionais dos anos 90. Dissertação (Mestrado em Educação) – USP, São Paulo, 1998.

SOUZA, Paulo Renato. Os desafios para a educação no limiar do novo século. *In*: VELLOSO, João Paulo dos Reis; ALBUQUERQUE, Roberto Cavalcanti (coord.). *Um Modelo de Educação para o Século XXI*. Rio de Janeiro: José Olympio, 1999.

SOUZA, Silvana Aparecida de. *Gestão escolar compartilhada*: democracia ou descompromisso? São Paulo: Xamã, 2001.

SPÓSITO, Marília Pontes. Educação, gestão democrática e participação popular. *In*: BASTOS, João Baptista (org.). *Gestão Democrática*. Rio de Janeiro: DP&A/Sepe, 1999.

UNESCO. *Foro Mundial sobre la Educación*. Dakar, Senegal. 2000. (Relatório Final).

VIEIRA, Evaldo. *Democracia e política social*. São Paulo: Cortez: Autores Associados, 1992.

VIRIATO, Edaguimar Orquizas *et al.* A "gestão democrática" educacional na redefinição do papel do Estado. *In*: NOGUEIRA, Francis Mary G. (org.). *Estado e políticas sociais no Brasil.* Cascavel, PR: Edunioeste, 2001.

XAVIER, Maria Elizabete Sampaio Prado. Para um exame das relações históricas entre capitalismo e escola no Brasil. *Cadernos da Escola Pública*, Brasília, Sinpro-DF, UNB, nov. 2002.